「ひとりで頑張る自分」を休ませる本

大嶋信頼

大和書房

はじめに

報われない人生を、これからも選びますか？

ある女性が「人と親密になれない」という悩みでカウンセリングにいらっしゃいました。

お話を聞いてみると、職場でも同期の人はどんどん出世しているのに、彼女だけはいつまでも同じポジションで出世できずにいます。

そして、仕事で困っている人がいたら、その人の仕事を助けてあげているのに「ちっとも感謝されないし、手柄をすべて持っていかれてしまう」という状況になっていました。

自分の抱えている仕事はあるのだけれど、周りの人が仕事を頼んでくると「断れない」と思ってしまって、自分の仕事よりも相手に頼まれたことを優先してしまう。

自分を犠牲《ぎせい》にしてまでみんなのために頑張っているのに「あれ？　みんな先に帰っ

ちゃった！」と職場で疎外感を抱くようになったそうです。

みんなは飲みに行っているのに、なぜか自分だけ誘われないでポツンと一人で仕事をし続けることも多いといいます。

プライベートでも、付き合っている恋人に一生懸命に尽くしているのに、「なんでそんなに冷たい態度になるの？」と思うほど、いきなり不機嫌になられる。

こんなに気を遣っているのに自分でも不思議になるほど。

他の人がいると恋人は笑顔になるのに、自分といると表情が能面のようになって、ちっとも笑顔を見せてくれなくなるし、どんどん気持ちが離れていってしまう。

そして、関係が長続きしない。

彼女が、そうしたつらい心境を友達に相談すると「あんたは『いい人』過ぎるんだって。そんなのやめちゃいなよ！」とアドバイスされます。

だから「もういい人はやめだ！」と決心して職場に向かっても、やっぱり困っている人がいると「助けてあげなきゃ！」というお助けモードになって、また元に戻ってしまうのです。

「いい人」は、「いい人」になればなるほど損をしたり、周りと違う扱いを受けてしまったり、嫌われてしまったりします。

でも、「いい人」をやめてしまったら、みんな自分から離れてしまう怖さがあるからやめられません。

「『いい人』をやめたら嫌われてしまうと思っているから、不安でやめられない」と自分で思っていますが、実際は本能的と言っていいほど、瞬時に「いい人」になってしまって、自分でコントロールできないのです。

「『いい人』にならない」と固く決意をしても、相手のなんらかの反応や態度で一瞬にして「いい人」に戻ってしまう。

だから「これは自分ではどうすることもできないものなのかも……」と悩んでしまうんです。

周りの人を傷つけているわけでもなく、間違っていることをやっているわけでもありません。

だから、「まあ、いいか！」とそのままにしてしまうのですが、「いい人」は確実に人間関係にも自分の人生にも、「損」を招いてしまいます。

それでも「いい人」は、「他人を困らせているわけじゃないからいいか！」と諦めてしまうんです。

冒頭の女性は、自分の意志で「いい人」をやめるのはなかなか難しいものがありました。

ただ、私とのカウンセリングをきっかけに「いつの間にか『いい人』をやらなくなっていた！」と変わることができました。

すると、**職場の雰囲気が変わって、みんなのチームワークがアップし、生産効率が上がりました。**

そして、恋人からもいつも冷たい態度を取られて悲しい思いをしていたのに、「あれ？わがままをちょっと言っても相手が追いかけてきてくれる！」と気付いてびっくりしました。

「自分が『いい人』になってあんなに気を遣っていた時は、こんなことは考えられなかった！」

と驚くほど相手が優しくなりました。

友人関係も「いい人」をやめたら、彼女を不快にさせるような人は離れていき、本当に分かり合える人が近寄ってきました。

そういう時、「『いい人』になっているせいで、友人関係で足を引っ張られていたんだ!」ということが感じられるようになります。

なぜなら、ものすごく自由に身も心も動けるようになっていて、楽しめるように変化したから。

もし、この女性が「いい人」のままだったら?

きっと今でも自分を犠牲にして、職場の人のために他人の仕事をやり続け、不機嫌な恋人のためにあくせく尽くして、不快にさせる友人のために必死に頑張り続けていたことでしょう。

これを読んでいただいているあなたも、もしかしたら当てはまるものがあるかもしれません。

この本は、相手のことばかり考えすぎて、疲れてしまったり、自分中心に生きられない、そんな人のために書いたものです。

嫌われることは怖いですか？
人のために何かしないと落ち着きませんか？
それはどれも思い込みです。
そんなものがなくても、あなたはすでに愛される価値のある人間です。

「そんなわけない。人に気を遣わなくていいなんてありえないでしょ？」

そんな疑問を持つ人もいることでしょう。

ですが、最後までお読みいただければ、きっと理解していただけるはずです。

先ほどの「いい人」だった女性は、「いい人を演じないほうが物事って本当にうまく回るんですね！」と笑顔で話してくださいました。

「いい人」をやめたくてもなかなかやめられなかったのが、その仕組みを知って、ちょっとしたコツを掴むことで「いつの間にか『いい人』を演じなくなった！」と言えるようになれます。

そして、どんどん自由になって、自分と一緒に周りの人たちも自由に生きていけるように変わることができるんです。

この本を手に取ってくださっているあなたも、身軽に生きられる人生の楽しさを味わえることを願っています。

大嶋信頼

目次

第2章

「快・不快」スイッチを起動させる

第3章 自己肯定感をジャマする「万能感」を捨てる

第4章

過去にとらわれる「罪悪感」を消す

第5章
「世界の中心」を自分にする

第6章

「嫌われる」がこわくなくなる

第1章

「いい人」になるほど嫌われる

あなたを悩ませる人間関係の「恒常性」

人間関係が苦しくなる原因はたくさん考えられます。

その中でもとても大切なのが、「恒常性」というものです。

「恒常性」は、人に備わっている機能で「真ん中に戻す力」が働くこと。

「元気！」というポジティブさが生まれたら、気分の高まりを落ち着かせるために「ゆううつだ～！」というネガティブさが生まれて中和する。この心の働きも「恒常性」です。

たとえば、前日にみんなで楽しくお酒を飲んで「楽しい！」とはしゃいだ翌朝、「う～！やっぱりあんなに騒ぐんじゃなかった～！」と苦しくなるのは、「楽しい！」という気持ちの高まりを「苦しい！」という気持ちで中和しているのです。

何か楽しみにしている時も「もし嫌なことが起こっちゃったらどうしよう？」と不

安がよぎりますよね？

これも頭の中で「真ん中に戻す」という恒常性の機能が働いているから。

これは逆のパターンでも同じです。元気がなくなっても、しばらくすると「だんだん元の状態に戻ってきた」となるのは、恒常性を保つ機能が働いているためです。

この恒常性が人間関係でも働いているということは、あまり多くの人には知られていません。

私は「ストレスに対する人のホルモンの動き」に興味があって、ストレスホルモンの研究をしたことがあります。

大きな音で車のクラクションを鳴らされた時、「いったいなんだ、こいつは!?」とイラっとするのは、音が鳴った瞬間にストレスホルモンの値が高くなるからです。**ストレスホルモンが分泌されると、相手と争ったり、逆に急いで逃げたりするための、身体や気持ちの準備ができます。**

ストレスホルモンが分泌されてイラっとすると、心拍数が上がり、戦ったり、筋肉を収縮させて思いっきり走ったりする準備ができます。

ところが、人によっては「とっさの時にストレスホルモンが分泌されない（少ない）」というケースもあります。

その場合、時間が経って後悔が襲ってきて、「あの時、ちゃんと言ってやればよかった！」と思ってしまいます。

そして、「怒りがなかなか収まらない」となってしまうのです。

ある時、「夫が怒りっぽいうえに、なかなか収まらない」というご夫婦がカウンセリングにいらっしゃいました。旦那さんはまるでヤンキーのような態度で、横に座っている奥さんが「あんた！　人前なんだからちゃんとしてよ！」と注意します。

そこで、旦那さんのストレス刺激の検査をしてみたら、ストレスを受けた時に、ストレスホルモンがちゃんと分泌されていないことがわかりました。

一方で、奥さんは、ちゃんとストレス刺激でストレスホルモンが分泌される状態でした。そこで、「ストレスホルモンがちゃんと分泌されるようにしましょう！」と旦那さんだけを治療したんです。

それから数か月後、再びそのご夫婦がカウンセリングにいらっしゃった時、おどろくことに夫婦の立場が逆転していたのです。

奥さんがヤンキーのような恰好をして荒っぽい話し方なのに対して、横に座っている旦那さんは、背筋をピンと伸ばしてちゃんと受け答えをしていて「いい人」に変わっているではないですか。

そして、**ストレスホルモンの検査をしてみたら「え？　奥さんと旦那さんの立場が逆転している！」と結果を見てショックを受けました。**

「いい人」だった奥さんのストレスホルモンが出なくなっていて、今度は旦那さんがちゃんとストレス刺激でストレスホルモンが分泌されていました。

この時「本当に人間関係でも恒常性があるんだな」と実感しました。

ほかの親子でも検査をしてみたら同じ結果が出てしまいました。

子どもが「いい子」になって落ち着いた反応をするようになったら、今度はお母さんの反応がおかしくなった、という結果が見られました。

つまり、**個人の体内のホルモンバランスだけでなく、人間関係でも「恒常性」が働いているのです。**

だから、あなたが周りを気遣う「いい人」になると、相手は「いい人」の逆、つまり、あなたを振り回す人になってバランスを取ろうとする。

あなたが「いい人」でいる限り、どんどんと悪くなり、「どうして私は足を引っ張られるんだ！」と人間関係が苦しくなってしまいます。

先ほどのご夫婦の場合、はじめ奥さんは「いい人」で、旦那さんに一生懸命に優しく接して尽くしていました。

しかし、旦那さんは「働かないダメ男」にどんどんなってしまいます。そして、旦那さんが「働いて家族を養っていくぞ！」と「いい人」になった時に「奥さんが家事をやらなくなった！」となるのです。

相手のためにと「いい人」になれば、相手はそのバランスを取るために足を引っ張るような「悪い人」になってしまう。

だから「いい人」を続ければ続けるほど、周りは自動的にそのバランスを取ろうとするから、あなたにとって「悪い人」ばかりになってしまって、人間関係が苦しくなってしまうんです。

自分が「いい人」ならば、相手は「悪い人」になる

「いい人」は「相手も私のことをわかっているはず」と思ってしまいます。

たとえば、「いい人」である奥さんは旦那さんが散らかしたものを「ちゃんと片づけてあげたらあの人は喜ぶだろう」と思って片づけます。奥さんは「私が喜ばせるために片づけていることは、夫もわかっているはず」と思ってしまう。

でも、帰ってきたら旦那さんが急に不機嫌になって「俺のものをどこにしまったんだ!?」と怒り出します。「え〜、なんで!?」と奥さんはびっくり。「あなたのためを思ってしたことだと伝わっていると思っていたのに」とショックで傷ついてしまう。

ですが、**旦那さんは奥さんの片づけを「散らかしたものを妻が自分に罰を与えるために隠してしまった」と受け取っていたんです。**

「いい人」の意図は伝わっていないのに「相手も私のことをわかっている」と誤解し

ちゃうから「なんで私の気持ちをわかってくれないの！」と傷ついてしまう。

善意でやっているのに、相手は「悪い人」になっていて悪意として受け取ってしまって、「なんでそんなことになるの？」と苦しむことになってしまう。

「以心伝心」という言葉があるように、自分が思っていることは相手に伝わっていて「私のことをわかってくれているはず」と人は誤解してしまうのです。

確かに、人間関係でも「恒常性」が働いてバランスを取るので、相手には何かしらは伝わっています。

ただし、**こちらの善意が相手に伝わってもバランスを取る「恒常性」が働いてしまうから、相手は「悪い人」の役割が自動的に割り振られて、受け止め方が「悪意」に変換されてしまいます。**

しかし、自分が善意でやっていたら、その気持ちは相手にわかってもらえるはず、と思い込んでしまう。

その結果、相手からの反応は「思っているのと違う！」と苦しむことになるんです。

ある人は、職場の同僚に「身だしなみを整えたら、もっとお客さんから好印象を持ってもらえるのに」と思ってアドバイスをしました。すると相手は「自分のことを汚いと言っている」と怒り出して、その人を無視するようになりました。

アドバイスする段階で、「あなたのことを助けてあげたい善意がちゃんと伝わっているはず」と誤解してしまうのです。

「普段の私の態度をみればあなたのことを否定しようなんて1ミリも思っていないのはわかるはず」と思ってしまいます。

でも、実際は「恒常性」が働くから、こちらが「いい人」になれば、相手はそれを真ん中に戻す「悪い人」の役割になってしまって、「あの人は私を否定している」と受け取って「いい人」を苦しめる。

親子間でも「恒常性」が働いてしまうから、「いい人」を演じてしまうと「親子だから私のことをわかってくれているはず」という予想が見事に外れます。

お金に困っている子どもに「いい人（親）」は、「なんとかこのお金で立ち直って欲しい！」とお金を出してあげます。

すると、子どもは「悪い人」に変身しちゃいますから、「いい人（親）」の意図が全く伝わらなくて「あの人は、自分をダメ人間だと思っているからお金を出すんだ！

こんなダメ人間になったのはあの人のせいなんだから、お金を出してもらって当然！」という具合に受け取ってしまいます。

もらったお金を無駄に使って、立ち直るどころかどんどんダメな人になってしまい、「いい人（親）」は「子どもに裏切られた！」と傷ついてしまうんです。

「いい人」は、相手がやることをいい方向に解釈して、なんでも善意に捉えることができるから、「相手も自分と同じように私のことをわかってくれるだろう」と思ってしまうんです。

でも、問題は、こちらが「いい人」を演じた時に、バランスを取るために相手は自動的にその逆の立場になってしまい、「私のことをわかってもらえない」という現象が起こってしまうことです。

こちらが「いい人」を演じれば演じるほど、相手は「意図はわかるけど素直に受け取れない」という感じで、逆の態度になってしまって、いい人は傷つけられて苦しむことになってしまうんです。

だから「こちらの善意は伝わっているはず」とか「相手も私のことをわかっている」

という思い込みは、苦しみの原因になります。

「相手は私のことをわかってくれている」と思うと、ますます「いい人」を演じてしまうんですね。

これは「人は本来、善である」という性善説という考え方から来ています。

自分が「いい人」だから、相手も「いい人」でこちらの意図が伝わっている、という考え方ですね。

一対一であれば性善説も成り立つ場合もあるかもしれませんが、複数の人が関わると必ずバランスを取る「恒常性」が働いてしまうので「思っていることと全然違うことが相手から返ってきた」と傷つき苦しむことになってしまうんです。

「よかれと思って」がうまくいかない理由

人間関係は「恒常性」が働いてしまうから、「いい人」のバランスを取るために相手が「悪い人」の役割を演じることになってしまう。

そんなことを「いい人」はわからないから、「なんでこれだけ一生懸命にあなたのことを思ってやっているのにあなたはわからないんだ！」と怒りが湧いてきてしまう。

こちらの善意を受け取って自分と同じように「いい人」になろうとしない相手に怒りが湧いて、態度に出てしまったり、実際に責めてしまったりする。

「なんでわからないんだ！」「なんでそんな簡単なこともできないんだ！」と「いい人」をいつの間にか横暴にさせてしまう。

横暴になっている時点で「いい人」ではなくなっているのですが**「私は相手のことを思ってやっている」という自負があるから、「いい人」は相手を変えるために横暴な**

態度をやめることができなくなってしまうんです。

ある人は、近所の奥さんのゴミの出し方がルールに従っていなくて「このままだとご近所さんから嫌われちゃってかわいそう」と思って注意をしてあげました。すると、その奥さんはふてくされた態度になります。そんな態度を見て「え～？　そんな風じゃ、この町内でやっていけないわよ！」と注意してあげます。

近所付き合いがいかに大切かをちゃんと知ってもらうために、丁寧に説明してあげているのに、相手の奥さんはどんどんふてくされた態度になってしまい、それを見たら「ムカつく！」となって「あなた！　いい加減にしなさいよね！」といつの間にかこちらが横暴な態度になっていたんです。

そうしたら、別のご近所さんから「新しく引っ越してきた人をいじめないでね」と言われてびっくりします。

近所の仲間に入れるように助けてあげよう、と思って声をかけてあげたのに、こちらが「いじめる側」だと間違った受け取り方をされてしまったんです。そして、近所に噂話を流されて、「いい人」がいつの間にか「横暴な人」にされて惨めな思いをすることになってしまいました。

「いい人」をこちらが演じれば、「恒常性」が働いて、相手は「悪い人」の役割になってしまうから「こちらの意図が伝わらない」となってしまいます。

こちらが「相手のことを思って」といい人になればなるほど、相手も同じ割合だけ「悪い人」度合いが増します。「なんとかしてあげなければいけない」と「いい人」度合いをさらにアップさせなければいけなくなり、いつの間にか「いい加減にしてちょうだい！」という感じになってしまうんです。

家で旦那さんに対しても、「いい人」は「もっと夫は自分のことを打ち明けられる人にならないと、みんなから誤解されちゃう」と心配になるから「もっとちゃんと自分が思っていることを私にも言って」とお願いするわけです。

でも、こちらが「いい人」になれば、旦那さんは自動的にその反対の役割を演じることになるから「放っておいてくれよ」という態度になってしまう。

すると「いい人」は「こんなにあなたのことを思って言っているのに、なんであなたは!?」と怒りを感じて「だからあなたは誰からも相手のされないのよ！」と横暴な態度になってしまう。

「いい人」の中では「もっと自分の気持ちを表現すれば、職場でも夫は好かれる人になるのに」と思って言い始めたことなのに相手を責める横暴な態度になって、旦那さんはますます「聞き分けがない人」になってしまって、お互いの関係がこじれてしまう。するとと、旦那さんも不快な態度を取るので、ますます「いい人」は横暴になって相手を責めてしまい、その関係を壊してしまうんです。

「いい人」としては「自分は相手のためを思ってやっているのだから」という気持ちがあるから「自分が横暴になっている」とは思いもしません。

むしろ、「こちらの意図を素直に受け取れない相手に問題がある」と思っています。

だから、相手がこちらの意図を受け取らなければどんどん横暴さはエスカレートしていき、いつの間にかお互いの関係をぶち壊してしまうんです。

これは、親子間が一番わかりやすいかもしれません。

「いい人」が「子どもがこんなんじゃ社会でやっていけない」と心配して「ちゃんと挨拶をしなさい！」と子どもに注意します。

でも、子どもとの関係で「恒常性」が働いてしまうから、子どもは「聞き分けがない子」になってしまう。

すると「いい人」は「こんなんじゃ、この子はお先真っ暗」と思うから「なんで親の言うことが聞けないんだ！」と横暴になって怒鳴りつけてしまいます。

子どもは親が「いい人」になればなるほど「悪い子」の役割を演じさせられちゃいますから、反抗的な態度を取ります。

それに合わせて「いい人」はどんどん横暴になってしまうのですが、子どもの態度ばかり気になってしまい、自分の横暴さには気付くことができなくなってしまう。

そして、気が付いた時には修復不可能というぐらい関係が壊れていたりするんです。

「相手を変えられる」という万能感を持ってしまう

夫婦関係においても、どちらかが「いい人」だと、夫婦仲は悪くなる現象が起こってしまいます。

一般的に見たら「いい人」だったら円満な夫婦関係になりそうなものですが、実際は全く逆で、ものすごく大変なことになってしまいます。

奥さんが「いい人」であればあるほど、旦那さんは、人間関係の「恒常性」の働きで「ダメな人」になってしまい、奥さんはストレスを感じてしまいます。

ストレスで脳内が帯電すると、奥さんの中で「私の力でこの人をなんとか変えなければ！」という万能感が生まれてしまいます。

夫婦関係に限らず、ストレスで脳内が帯電すると「自分には人を変える力がある」

という万能感が湧いてきてしまいます。

万能感とは、「自分はなんでも知っているし、変えられる」という感覚のことです。大人になればなるほど「そうじゃないんだ」と現実が見えてくるのですが、ストレスで脳が帯電してしまうと、幼い子どものように万能感でいっぱいになって「相手を変えられる」と思ってしまうんです。

しかし、万能感を持って相手を変えようとしても相手は変わらないので、ストレスでますます脳が帯電していき、万能感も増していき、いっそう相手をコントロールしようとします。

ただし、思い通りにコントロールしようとすればするほど、思い通りにならないストレスで脳がさらに帯電していき、その電気が一気に放電した時に「破壊的な人格」になってしまって「なんてあんたはダメ人間なの！」と相手を攻撃して破壊してしまいます。

旦那さんが「いい人」を演じている場合は、奥さんが「恒常性」で「ダメな奥さん」を演じさせられてしまいます。

すると「いい人」の旦那さんはダメな奥さんのストレスで脳が帯電して「自分がこの人をなんとかしてあげなければ」という万能感に取り憑かれます。

万能感に取り憑かれて、奥さんをなんとかしてあげようとすればするほど、奥さんはダメになっていきますから、旦那さんの脳はストレスによる帯電で発作を起こして「破壊的な人格」に変身しちゃいます。

この場合、**罵倒《ばとう》したりというような直接的な攻撃をするのではなくて、「受動攻撃」という攻撃の仕方をします。**

「奥さんから3つ頼まれたら、1つはやらない」

「言われたことを、すぐに忘れる」

「奥さんに言われたこととは違うことをやってる」

など、「やらない」「無視をする」というように、受動的な攻撃をするんです。

このように受動的な攻撃をされると、奥さんの中にストレスが溜まっていきます。「いい人」であるはずの旦那さんに対して、どんどんストレスが溜まっていき、旦那さんに怒りをぶつけても「自分がわがままを言っている」という感じで自分を責めてしまいます。

すると、奥さんの中で怒りが発散できなくなるので、その怒りで体が蝕《むしば》まれていき時には身体がぼろぼろになって動けなくなるほど、奥さんが破壊されてしまうんです。旦那さんは、外でも「いい人」なので、周りからも受動攻撃のことは理解されません。だから奥さんは「あんたが悪い」と周りからも責められて、ますます怒りが体を蝕んで「動けない！」となってしまう。

他には、「いい人」である奥さんがいると「恒常性」で旦那さんが「傍若無人《ぼうじゃくぶじん》」になって「ひどいことを言う人」になってしまうケースがあります。

奥さんはその旦那さんからのストレスで脳内が帯電して万能感に取り憑かれ「私だけがこの人を受け止めてあげられる、理解してあげられる」と思ってしまう。

でも、奥さんが「いい人」になればなるほど旦那さんは傍若無人になって横暴になるので、ストレスがさらに溜まり発作を起こして「破壊的な人格」になって受動攻撃をしてしまう。

わざと失敗するとか、肝心な場面で気を遣わないなどと、旦那さんが怒るようなことを次から次へとしでかしてしまう。

でも、発作を起こして破壊的な人格になっているから本人には「わざとやっている」という自覚は全くありません。

「ついうっかり」で旦那さんを怒らせて「さらに横暴な人格」へと旦那さんの人格を破壊して、社会的に問題のあるような人にしてしまうこともあるんです。ほかの人から「あんな旦那さんとなんで別れないの？」と言われても、ストレスで脳内が帯電して万能感を持っているから「あの人には私がいなければ」という考え方になってしまう。

周りから見ていると「いい奥さん」だったり「いい旦那さん」なので、まさかこの人が相手を破壊している、とは思わないわけです。

パートナーが悪い、と決めつけてしまうのですが、実際は、「いい人」を演じてストレスで帯電してどんどん相手を蝕んでいき、そして、発作を起こして相手を破壊してしまうんです。

でも、いい人はその自覚が全く持てなくて「なんで？」と不思議に思ってしまう。「なんで、私はこんな人と一緒になってしまったのだろう？」と自分の出会いの問題にしてしまい、関係を破壊してもまた同じことを繰り返してしまうんです。

「いい人」は親子で受け継がれていく

職場や周りから尊敬されるような親だと、子どもは大変なことになったりします。

単純に考えたら、親が外で「いい人」を演じて周りに気を遣っていると、親にストレスがたまってしまいます。子どもはストレスをためて帰ってきた親のはけ口になってしまう、ということになります。

自分の「快・不快」だけに従って生きていたらストレスはたまりません。

ですが、**誰かの「快・不快」に気を遣ってしまうと、とたんに自分の「快・不快」がなおざりになってしまうからストレスがたまるのです。**

ストレスで脳内が帯電すると「自分はなんでも分かっている」という万能感を持ち、自分の思うように動かない人に対してストレスを感じて、発作を起こして破壊的な人格になり相手を攻撃してしまう。そんな流れがあります。

たとえば親子関係でしたら、直接子どもに説教をしたり叱り飛ばしたりといった攻撃をしなくても、「子どもを無視する」「子どもに関心を持たない」など、普通の親だったらしないはずの「受動攻撃」で子どもに精神的なダメージを与えてしまうのです。

それで子どもはどんどん精神的なダメージを受けて壊れてしまいます。

また、親が「いい人」であればあるほど、「恒常性」によって子どもがバランスを取るから「ダメな子」になってしまうことも問題です。

これは、家族内の「恒常性」の問題であり、子どもが「ダメな子」になりたくてなっているわけではなくて、自動的な割り当てみたいなもの。

でも、**みんなからは「親と比べて、どうして子どもはあんなにダメなんだ」と子どもも自身の問題にされてしまう。**

それを受けて「いい人」である親も「子どもをなんとかしなければ」という万能感を持ってしまい、子どもを変えようとしてしまう。

「いい人」になって「子どもを変えてあげなければ」とすればするほど、「恒常性」が働いて子どもは逆の方向に動いてしまうから、親のストレスで帯電していた脳が発作を起こしてしまって「いい加減にしなさい！」と子どもを傷つけたり、「受動攻撃」で子どもの心を深く傷つけて親子関係を破壊してしまうんです。

ある町の、みんなから尊敬されているお医者さんの息子はある日、不登校になってしまいました。お母さんも元看護師でとても理解のある人だから、献身的に息子の世話をします。

でも、世話をすればするほど「どんどん外に出られなくなる」という感じで引きこもり状態になって、一日中パソコンの前に座っている、という生活が何年も続いていました。

お母さんは息子の対応に疲れ切ってしまって、今度はお父さんが献身的に息子の面倒を見ますがさらにひどくなり、人のことが怖くなって、誰とも会話ができなくなってしまったんです。

この両親が「息子に対して『いい人』をやらない！」となって、仕事についても診療所を休みにしちゃって海外旅行に行こうとした時に、それまで外に出られなかった子どもが外に出るようになります。それまで丁寧に診察をしていたお父さんがいい加減になって、「あの先生、大丈夫かしら？」と噂が立つようになったら、子どもが外に出てアルバイトをするようになって、自分の進路を見出すようになったんです。

子どもにとって、親のことを「うらやましい」と学校でも言われているのが逆につらいことがあります。**「恒常性」のせいで、子どもは「いい親」とは逆の役割を負わされるから苦しみでしかありませんでした。**

でも、そんなことが起こっているなんて、両親も子ども自身も気が付かないから、お互いにストレスをためながら苦しみ続けてしまうんです。

ある娘さんのお母さんはボランティアを熱心にやっていて、たくさんの人から尊敬され感謝されていました。お父さんも立派な学校の先生で、生徒からも卒業生からもすごい先生と尊敬されていたんです。

娘さんは、小学生のころから勉強に集中できなくなってしまって、みんなからいじめられていました。そして、いやいやながら学校に行っていたのですが、ある時に「もう学校に行きたくない！」となってしまったんです。見事に、この娘さんが「恒常性」で両親とのバランスを取ってしまったんです。

親は「子どものためにやっている」と思って仕事をやっていて、子どもにボランティア精神を教えるために率先してボランティアをやっている、と思っているわけです。

でも、「恒常性」というものが働いて、子どもが親と逆の役割を演じることになってしまう。

そして、**親がためてきたストレスが子どもに流れてしまい、子どもが動けなくなっているとと知ってはじめて「あ！　いい人をやめなきゃ！」となるわけです。**

このように、「いい人」というのは、職場や友人関係だけでなく、時には夫婦や親子関係もこじらせてしまう、困った問題なのです。

第2章

「快・不快」スイッチを起動させる

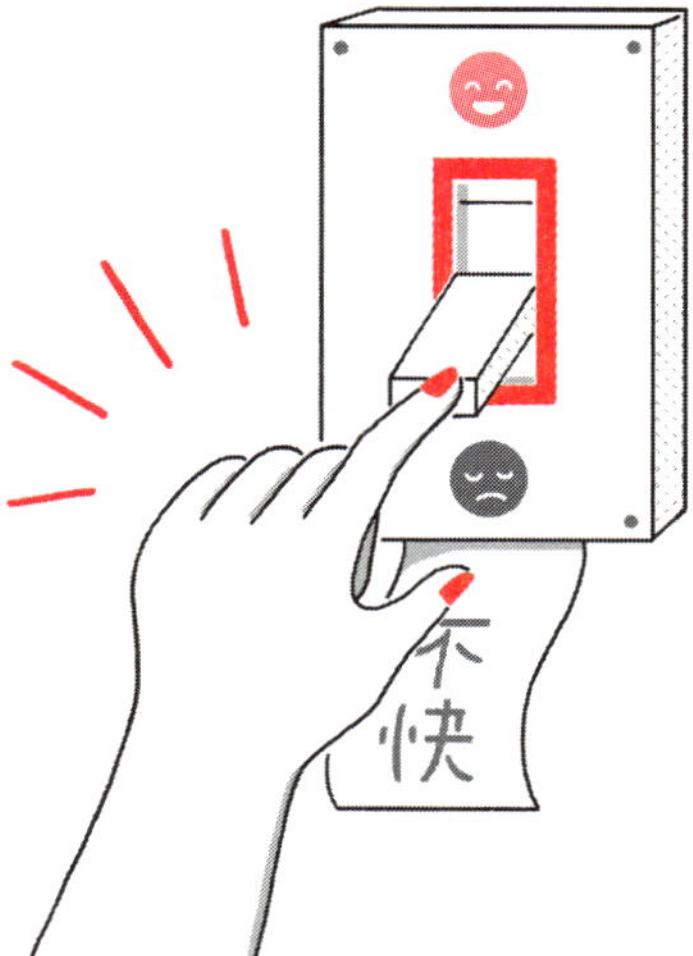

「快・不快」スイッチ、働いていますか？

人に気を遣っているのに「自分だけ浮いている気がする……」と悩んでいる人がたくさんいます。

「みんな楽しそうなのに自分だけ周りから浮いている気がして、『仲間はずれ？』と思ってしまう」

「こんなに気を遣っているのに、どうしてみんな仲間に入れてくれないの？」

と、ものすごく惨めな気持ちになってしまうんです。

これには人が、「快・不快」という動物としての本能的な感覚にしたがって生きているかどうか、ということが影響しています。

「楽しいことをやる」「楽しくないことはやらない」とすると、ストレスを感じなくなります。

集団の中にいても「快・不快」の感覚にしたがってその場にいられる人は、ストレスなく「みんなと一緒にいて楽しい！」となります。

ところが**「いい人」は周りの人に気を遣ってしまうから、自分自身の「快・不快」で行動を選択できません。**

だから、どんどんストレスがたまってしまって「ほかの人は楽しんでいるのに、自分はストレスまみれ」と感じて、自分だけ損している気になるのです。

さらに、「いい人」は、ほかの人たちのように「快・不快」で動いていないので、みんなと一緒に笑っても自分の「快」から出た笑顔でないから、「作り笑顔」になります。

それが「嘘くさい」と思われてしまい、「本音を出さない人」と受け止められて、「浮いてしまう」状態ができ上がります。

ある人は習い事の教室で、みんなが「あの芸能人のスキャンダルすごかったよね！」と話しているときに、それに合わせて「本当にすごかったね！」と話に入っていこうとするのですが、いざ会話に混ざると話が止まってしまって続かない、と悩んでいました。

「私、なんかおかしなこと言った？」と不安になって思い返してみるのですが、どんなに考えても話を合わせただけで何も悪いことはしていません。

また、「大丈夫？」「調子がよさそうね！」と周りに声をかけていても、いつの間にか一人ぼっちになっていて「あれ？　みんなが終了後に行っているお茶会に声をかけてもらえない」なんていうこともあり、寂しさが増すばかり。

「なんでこんなに気を遣っているのに、いつも自分だけ浮いてしまうのだろう？」と悲しくなってしまうんです。

この人も、「話し方が悪いのかな？」「それとも話題の振り方なのかな？」と自分でも変えてみるのですが、相手に合わせれば合わせるほど、周りが変な雰囲気になって場の空気が白けてしまうんです。

これは、「いい人」を演じるばかりで、相手の「快・不快」で動いているから。

自分の「快・不快」で動いたり話題に入ったりしない限り、本心に嘘をついているのが伝わってしまい、「あの人だけ私たちと違う」と認識されてしまって、浮いてしまうのです。

いい年のおじさんが、女子高生が話をしているところに入ってきて「それわかる〜!」と言ってみたところで、「気持ち悪い!」と言われてしまうのと同じです。

本心から「それわかる!」と言っているのだったら「このおじさんも仲間でしょ!」と女子高生に認識してもらえますが、「女子高生に気に入ってもらうため」だとしたら「気持ち悪い!」となってしまうのは当然です。その人自身の「快・不快」で動いていないことが、相手にしっかりと伝わってしまうからです。

この場合、**自分の「快・不快」にしたがって「お! それわかる!」という「快」のポイントだけ反応して「不快」な時には反応しなくしてみましょう。**

すると、「仲間だ!」と周りのみんなが認識してくれるようになり、「浮いている」ということはなくなります。

でも、「いい人」はそれが非常に難しくて、どうしても人の「快・不快」を考えてそれに合わせてしまいます。

そして、浮いている感じがしてしまって、みんなから見捨てられないように、さらに「いい人をやめられない」となってしまうんです。

確かに、人に気を遣っている間は浮いている感じがしながらも、集団に属している気になります。実際に気を遣うことをやめたら「周りに誰もいなくなった」となってしまうことを恐れて「いい人をやめられない」となるわけです。

ただし、**それは「快・不快」のスイッチが鈍っているだけです。**

長年、自分の「快・不快」スイッチを使っていないので、コツをつかむのにちょっと時間がかかるかもしれませんが、それができるようになると「これが普通の人の感覚なんだ」と感動するでしょう。

断らないと相手に「快・不快」が伝わらない

ある人は、職場のみんなにお土産を買ってきたり、自分がやらなくていいのに、ほかの人の仕事の手伝いを率先してやったりしていました。

でも、一生懸命に気を遣っているのに、気を遣わない人のほうがちやほやされていて、「ちっとも報われない」という感じになって嫌な気分になってしまいます。

「こんなに頑張っているのに、どうして私はあの人のようにちやほやしてもらったり、周りの人から気を遣ってもらえるようにならないの?」

とゆっくりと不満が湧いてきて、それが溢れると「こんな嫌な職場にはいられない!」と辞めたくなってしまいました。

ある時、上司に「転職を考えているんですけど……」と伝えました。てっきり「君に辞めてもらったら困る」と引き留められると思っていたら「あ、そうなの」とだけで終わってしまって「もうこんな人の下では働きたくない」と本当に辞めることになってしまいました。

こうしたケースも、多くの人は自分の「快・不快」スイッチで動いています。

でも、「いい人」の場合、「これをやったらあの人が喜ぶかな?」「あの人のためになるかな?」など、相手の「快・不快」スイッチを想像して行動しているので、相手からすれば「いい人」の「快・不快」スイッチの反応がわからず、「同じ人間として認識されない」という可能性があるんです。

「快・不快」スイッチがない存在、といったらもう機械ですよね。コピー機が指定した枚数をコピーしてくれたからといって、誰も感謝はしません。

なぜなら、コピー機に感謝しても「快」という感覚が返ってこないから。

「いい人」の場合も、常に相手の「快・不快」スイッチを考えてやっているから、相手から感謝されても自分自身の素直な「快」の反応が返せません。

すると、次第に機械のような扱いを受けてしまって「やって当然」という感じになってしまう。

ほかの人は自分よりも全然仕事もしていないのに感謝されていて、自分だけはこんなに頑張っているのにちっとも感謝されないし報われない、となってしまいます。

人から頼まれごとをされて「え〜！」と嫌がってみても、普段から自分の「快・不快」スイッチを働かせていないと、「その仕事はちょっと自分には……」と「不快」の反応を示しても伝わらなくなります。

「断ったら相手がどんな反応をするだろう？」と、相手の「不快」を考えてしまうから、余計に「不快」が伝わらず、仕事を押し付けられてしまう。

そして、仕事をやっても、「不快」なのに一生懸命にやったという感覚が一切伝わらないから、「やって当然」とコピー機のような扱いを受けてしまう。

その扱いにたとえ文句を言っても、「快・不快」スイッチのない存在として受け止められているので、相手に伝わらず不満が募ってしまう。

断ったとしても「不快」が相手に伝わっていないから、「なんで自分だけ……」という気持ちが募って「もうやっていられない！」となる。

頑張っても「不快」が伝わらないから、頑張ったという感覚がちっとも相手に伝わらなくて「できて当たり前」になってしまう。
そして、誰からも理解されず、本当の意味で感謝されずにどんどん疲弊して「いい人」は負債感に埋もれてしまうんです。

「いい人」が負債感から抜け出すには、「不快なことをしない！」と決めればいいんです。

「断ったら相手がどんな気持ちになるのか？」ということを一切考えないで自分が「不快」と感じたら「やらない！」と断ってみると、「あ！　だんだん自分の感覚がわかってきた！」となる。

人の気持ちばかり考えてわからなかった自分の「快」の感覚がわかるようになって、「あ！これやってみたい！」という気持ちが湧き、やってみたら「おー！　前と違って人の評価が上がった！」となります。
そして「不快」と思ったら「いたしません！」と断ると相手がすんなり引いてくれたり、どうすることもできない事情で引き受けても「ちゃんと感謝されるし報われる」と、それまでとは違って「こんなに人生はおいしいものなんだ！」と気が付くことができる。

「不快」と感じたら「断る」ということをやると自分の感覚がわかるようになってきます。

人の気持ちを考えて人の「快・不快」ばかりに注目しているのは、動物にとって「不快」なこと。

そんな不快なことをやり続けることによって「自分の感覚がマヒしてわからなくなる」と、ほかの人のように「快・不快」で生きられなくなり、「人間として扱われない」と負債感が募ってしまう。

まずは「不快なことはしない！」と思い切って断ってみると、だんだんと機械から人間へと戻ってくることができて、ほかの人のようにおいしい人生を生きられるようになるのです。

相手中心だと、「快・不快」スイッチがエラーを起こす

ある人は「家に帰っても嫌なことばかり考えちゃってなかなか眠れない！」となっていました。

「あの人に余計なことを言っちゃったかな？」

「あんなことをしなきゃよかったかな？」

「あの人から嫌われたかな？」

などと一人反省会をしてしまって苦しくなってしまいます。

そして、嫌な気持ちでいっぱいになるので、それをごまかすためにポテトチップスを大量に食べちゃうのです。

嫌な気分から逃れるために、インターネットの動画をだらだら見てしまい、時間だけがどんどん過ぎてしまう。

「早く寝なきゃ」と思っても、いろいろな悩みが思い出されてなかなか眠れない。そして、目覚めの気分が最悪でいやいやながら仕事に行くことになります。

でも、職場についたらみんなに気を遣ってしまい、悩みを作ってしまう繰り返し。

ほかの人はちっとも悩んでいる様子はないのに、自分だけ悩みを抱えていて、そこからいつまでたっても抜け出すことができない気分になります。

周りに気を遣ってしまう、ということは、周りの人の「快・不快」スイッチを中心に動いてしまうこと。

この時に**「アトリビューション・エラー」（根本的な帰属の誤り）**が生まれてしまう。

人は「快・不快」スイッチで本来は行動していますが、その「快・不快」スイッチは本人にしかわかりません。

だから、それを第三者が推測したとしても「根本的な間違い」が起こってしまうのです。

話している時に誰かがあくびをしたら、その人はただ眠いだけなのに、「私の話が退屈だと思っている」と間違った原因を考えて悩みを作ってしまう。

誰かが不快な顔をしていたら、本当は「おなかの調子が悪い」から顔が歪んでいるだけなのに「私の仕事に不満を持っているからあんな顔をしているんだ」と間違った原因を作り出してしまう。

こうしたことによって、「なんでこんなに一生懸命にやっているのに！」となってしまうのです。

相手の「快・不快」の原因は相手にしかわからないのに、それを勝手に推測してしまうと「エラー」を起こしてどんどん悩みが増えてしまいます。

「いい人」は、「エラー」を起こしているにもかかわらず、「自分は相手の気持ちを読むのが得意」と信じてしまうので、「相手の不快を消すためにはどうしたらいいのだろう？」と悩んで、自分なりの解決策を考え出そうとします。

でも、その元々の原因を思い違いしているから、解決策を取ったところで相手から返ってくる反応はさらにおかしなものになります。

相手からのちぐはぐな反応がつづくと、再び間違った原因を想像してエラーを起こし続けるから「悩みが消えない」と夜も眠れない状態になります。

人の気持ちを考えてしまってつらくなる人がやるべきなのは、「人の気持ちはわからないんだ」と認識して人の気持ちを考えないようにすることです。

相手の不快そうな表情を見ても「あの人が不快かどうかはわからない」と考え、勝手に相手の感情を決めつけるのをやめてみましょう。

「いい人」は、自分自身の「快・不快」スイッチもわからないのに、どうして人の「快・不快」がわかると思うのでしょう?

人の感情よりも、まずは自分自身の「快・不快」スイッチに注目してみるのです。

人の感情ばかり想像していた時はとても複雑に考えていたけれど、何も考えなくていいということがわかってきます。すると、あんなにあった悩みがだんだんなくなって、自分の時間が有効に使えるようになります。

それまで悩みを打ち消すために試行錯誤して時間を浪費してきてしまったけど、それがなくなって自分が本当にしたいことに費やすことができるんです。

そして、人間関係のトラブルに巻き込まれなくなり「悩みから解き放された、自由な人生」を実感できるでしょう。

ストレスを感じたら、人の「快・不快」に合わせている

人に気を遣っていたらストレスがたまります。

「いい人」はどこにいても、常に人の気持ちを考えて気を遣ってしまうからストレスがたまって、脳がどんどん帯電してしまいます。

脳がストレスで帯電すると「自分はなんでも分かる！　なんでもできる！」という万能感が湧いてくるのです。

この万能感が強ければ強いほど「相手の気持ちがわかる」と思い込んで、勝手に相手の気持ちを推測してエラーを起こして悩みを作り出します。

さらにその悩みのストレスで脳が帯電して……という悪循環にはまっていきます。

「いい人」を演じると脳が帯電するのには、もうひとつ面白い仕組みがあります。

たとえば、外に出かけると「よくトラブルに見舞われる」という現象が起こりませんか。

人は「緊張している人のそばにいると緊張してしまう」という特徴があります。

もちろん影響を受けない人もいますが、受ける人は「緊張している人がそばにいるだけで、まるで自分が緊張しているみたいな感覚になる」のです。

これは、**相手の脳を真似するミラーニューロンという脳の細胞が関係しています。**

「いい人」の場合、自分の「快・不快」スイッチを働かせていなくて、ほかの人の気持ちを考えて生きています。

すると、ストレスでどんどん脳が帯電していきます。

「いい人」ですから怒っているようにも、もちろんストレスで脳が帯電しているようにも見えません。

ですが、実際には脳の中ではストレスでものすごく帯電していて、それの影響を受けてしまう人がおかしな行動をしちゃうから「なんで私の周りにはおかしな人が寄ってくるの？」となるわけです。

ストレスで帯電していない人だったら、周りの人は影響を受けないけれど、帯電している「いい人」の近くに来ると「なんかイライラする!」となるなど、帯電した電気の影響を知らず知らずのうちに受けてしまう。

さらに、そんな帯電した人たちが「いい人」の帯電した脳に引き寄せられてくるから、あなたを困らせる人たちばかり集まってきます。

そんな人たちの影響を受けてさらにストレスで脳が帯電する、という悪循環になってしまう。

「いい人」が電車やレストランなどで全然知らない人に絡まれたりトラブルに巻き込まれたりするのは、帯電している脳のせい。

そして**「なんであの人は自分に絡んできたんだろう?」と考えてしまうとエラーを起こしてしまうから、悩みを生み出してどんどんストレスで脳が帯電していき、外出した時に「まただ!」となってしまう。**

人の気持ちは考えないで自分の「快・不快」にしたがってみると「あれ? 外で嫌な目にあわなくなった!」とちょっと拍子抜けの感じになる。

不快なことをしない、そして「快」なことをする。

これだけで脳がストレスで帯電しなくなり、ストレスで帯電した人たちが近づかなくなってくる。

そんな生き方をしてみると結構外に出るのが楽しくなってきます。

「いい人」は、優しさがうまく使えていないだけ

「いい人」は相手の立場や気持ちになって物事を考えたり、判断できる人です。

自分が相手の立場だったら困るだろうな、と思って助けてしまう人が「いい人」です。

そして優しさとは、「相手の力を心から信じて見守ってあげられること」です。

たとえば、子どもが走って「コテン」と転んだ時。

「いい人」だったら、その子どもの立場になって「痛かっただろうな！」「みんなの前でこけて恥ずかしいだろうな！」と想像して、「なんとかしてあげなきゃ！」と思ってしまいます。

居ても立ってもいられなくなり、慌てて近寄ってその子を起こしてあげて「大丈夫？痛くなかった？」と声をかけてあげます。

「優しい人」の場合、子どもが転んだら、その状態を確かめて「この子だったら自分で立ち上がれる」と信じて見守ってあげて、立ち上がって子どもが近寄ってきたら抱きしめてあげます。


一般的には「いい人」は優しい、と思われるかもしれません。

でも「いい人」がやってしまっているのは、実は「相手の快・不快の感覚を奪う」ということでもあるんです。

子どもは転んだ時に「不快」と感じて、そして次に「自分で立ち上がった！」という「快」を感じながら、みんなと一緒になっていきます。

すると、転ぶのが不快だから転ばないように楽しく走る、というのが「快」になって、その感覚を求めて生きられるようになります。

ですが、それを「いい人」が相手の気持ちになったつもりで、助けて起こしてあげると、子どもは「転んだことが不快」とちゃんと感じられなくなってしまいます。

すると**「転ばないように走ることが快」という感覚を奪ってしまうことになります。**

子どもは、今度、転んだ時は「びえーん！」と人の助けを求めて泣く、ということをするようになってしまう。

自分で「快」を選択することができなくなってしまうのです。

でも、「いい人」は他人の「快・不快」スイッチを気にして行動してしまうので、その子どもが「快」の選択ができなくなること自体が、どんなに大変なことなのかがわかりません。

自分で「快・不快」の選択ができなくなると、自分の感覚がわからなくなる。

すると、人の感覚に頼るようになって、そして、人の感覚に振り回されてどんどん自信を失って、さらに人の感覚に振り回されて自分の人生を生きられなくなります。

逆に、自分自身の「快・不快」スイッチを働かせて生きていると、困っている人を見ても「優しさ」で見ていられるようになる。

なぜなら、自分が「快・不快」で転んだ時に不快だから立ち上がって、そして快を求めて走り回れるようになったのだから、この子も同じように立ち上がることができるって、心から信じることができるから。

「優しさ」の中に迷いがみじんもないのは、「快・不快」の選択がシンプルだから。自分の「快・不快」はシンプルで相手もそれを選択できることを信じられる。

そして、相手の脳を真似するミラーニューロンの力で、信じてくれる人の脳を真似して、倒れた子どもは立ち上がり、そして自分の力で走って「快」を感じることができます。

「いい人」は、相手の立場に立つことでエラーを起こしてしまうから、「純粋に相手のことを信じる」ということが難しくなり、それが相手に伝わって、相手も自分の力を信じることができなくなってしまいます。

「優しさ」とは、自分自身の「快・不快」スイッチを働かせている人が、相手の力を信じること。

「いい人」も自分自身の「快・不快」スイッチを働かせて生きられるようになると、他人との関係でもそれが簡単にできるようになり、その優しさで相手との一体感を感じることができるようになります。

親の「快・不快」スイッチから抜け出す

これまでカウンセリングでたくさんの「いい人」を見てきました。

そのなかで多く見受けられる傾向として、幼少期に「母親が大変な目にあっている姿」を目撃しています。

母親が姑《しゅうとめ》からいじめられていたり、父親にひどいことをされて悲しい思いをしていたり、家族を養うために無理をして仕事をしていたり、といったことです。

子どもは「母親が苦しんでいて、そのままいなくなってしまったら、自分も生きていられなくなってしまう」という危機感を本能で感じます。

ですから、苦しんでいる母親を見た時に、子どもは「母親の気持ちになってものを考える」ということをやってしまいます。

そうすることで母親が楽になったわけもなく、「母親がイライラした」「母親がます

ます苦しそうになった」など母親の「不快」が増すことで、さらに子どもは母親の気持ちを考えることをやめられなくなります。

「いい人」の母親がその後、幸せになっていれば、その子どもも「いい人」を続ける必要がありません。

しかし、いつまでも不幸せで苦しむ母親を見続けてしまうと「救わなければ」という感覚が内面から消えることなく残ります。

そして、**いろんな不幸な人、いら立っている人を見た時に、母親と重ねてしまい「救わなければ」となって「いい人」を演じてしまうようになります。**

子どもの時に抱いた「母親を救えなければ自分が死んでしまうかもしれない」という恐怖感、そして「母親を救う（幸せにする）ことができなかった」という罪悪感がさらに、「いい人」をやめるのを阻みます。

本人は我慢して「いい人」をやっているわけではなくて、生きるか死ぬかのサバイバルとして、「いい人」をやっています。

本来、子どもは母親から守ってもらって成長していきます。

しかし、「いい人」の場合は、「自分が母親を守ってあげなければ」という気持ちが根深くあるせいで、母親の「快・不快」スイッチに目を向けて、自分の「快・不快」スイッチへの注目をおろそかにしてしまっています。

そうすると、ストレスで脳がどんどん帯電してしまう流れができあがります。

脳が帯電すれば「自分は何でも知っている」という万能感が強くなり、「母親の気持ちを知っている」「自分は母親を救えるはず」と思い込んでしまいます。

それで失敗して、さらにストレスで脳が帯電して万能感が増す、という繰り返し。

やってしまうというよりも、やらずにはいられない焦燥感が、「いい人」の中にあるんです。

「いい人」が「自分が母親をなんとかしなければ」と思ってしまうのは、実は母親から「愛」がもらえなかったから。

だから、「いい人」になれば母親から愛されるかもしれないと思い、母親の気持ちになって物事を考えて一生懸命に努力します。

でも、いくら努力しても母親から「愛」が返ってきません。

いくらやっても母親から愛情がもらえないと、ストレスで脳が帯電し万能感が生まれます。

「自分がもっと『いい人』になったら、母親からすごい愛情が得られるかもしれない！」と錯覚して、母親の気持ちを考えてしまう。

そして、失敗して「愛」を得られなければ得られないほど、その幻想が強くなり、「いい人」をやめられない。

この「愛」の幻想から抜け出すためには、万能感を作り出す脳の帯電を解消する必要があります。

自分の「快・不快」スイッチに注目して「不快なことをやらない」と清水《きよみず》の舞台から飛びおりるつもりで断っていきましょう。

脳が帯電している時は、自分が何をしたいのかがわかりません。

「不快」なことをやめれば、帯電が解消されるようになり、したいことができるようになります。

結果として、脳の帯電が消えて万能感が消えていきます。

すると、母親が一人のただの女性に見えてきて「この人の中には愛はない」とちゃんと現実が見えてくるんです。

「自分と同じ人間で、そこに愛がない」とちゃんとわかるようになります。

「万能感」から解放されると、人間の本質がちゃんと見えて、「いい人」をやる必要がなくなる。

なぜなら、みんな同じだから。

「いい人」でなければ愛されない、という思い込みが解かれて、自分の「快・不快」スイッチで生きてみると「みんな自分と一緒」と感じられるようになります。

すると、これまでのような、人の輪に入れない浮いた感じがなくなります。

「みんな自分と一緒」と思えると、いつの間にか周囲の人といて安心と「一体感」を感じられるようになるんです。

これまで、いくら「いい人」になって努力しても手に入れることができなかった「一体感」が自然と感じられるようになって、その中で自由に自分らしく生きられるようになります。

自分らしく生きれば生きるほどさらに愛を感じられるその喜びを噛みしめながら、
どんどん「いい人」を脱ぎ捨てて本来の自分に戻っていくんです。

幸せになるには、「自分中心」になる

自己中心的な人、というと、「傍若無人」「身勝手」「人の気持ちを気にしない」というイメージを持たれているかもしれません。

しかし、**実は自己中心的な人とは、自分自身の「快・不快」スイッチが働いている人になります。**

多くの人はそれを、自分の利益のために他人を利用する利己主義と勘違いしてしまいます。

「自己中心で生きる」とは、自分自身の「快・不快」スイッチを上手に働かせ、「快」を選択した時は、自動的に周りの人たちとはウインウインの関係にできます。

「快」を選択した時の「自分の幸せ」は、自動的に「みんなの幸せ」になります。

「快」を選択して自分が幸せになればなるほど、周りもどんどん幸せになっていく、という循環が生まれます。

これは、周りの人の幸せを求めていた時には得られなかった感覚です。

周りの人の幸せを求めて「いい人」をやっていると、自分はどんどん不幸になるし、周りも幸せにはなっていない、ということがわかるのですがやめられないのは、「愛」の幻想のせい。

ストレスで帯電した脳が万能感を生み出し、そして「愛」を得られなければ得られないほどストレスが増しますから、万能感で愛の幻想を追い求めずにはいられなくなる。

自己中心的に「快・不快」で生きた時に、この万能感から解放されます。

だから、本当の意味での周りとの「一体感」が得られて、自分の幸せがみんなに伝わってみんなも一緒に幸せになる、という循環ができあがります。

だから、自己中心的なのに人望がある、となるんです。

一方で、人の幸せを追ってしまった場合は、エラーを起こして悩みがどんどん増えて疲弊してしまうので「幸せからはほど遠い」となります。

そんな、幸せじゃない人には人が寄ってこないから「人望が薄い」となってしまうんです。

「いい人」というのは、ただの暗示なんです。

この「いい人」という言葉が、自動的に相手の気持ちを考えて行動してしまう暗示を作り出し、そしていくら「いい人」を演じても報われない、幻想の世界の中に閉じ込めてしまいます。

「いい人」という思い込みを捨てて、この「いい人」が作り出す暗示から抜けてみると、「快・不快で簡単に生きられるようになった!」となるから言葉って不思議なんです。

たとえば、子どものころに親から「あんたって人がいいからね」と言われてきた人がいました。

そう言われていると、「いい人」になってはいけないと思えば思うほど逆に「いい人」になって、人の気持ちを考えるのをやめられない、となってしまいます。

なぜなら「いい人」という言葉自体が、暗示に誘導する言葉になっているから。

親がその人の頭に入れた「いい人」の暗示は、もしかしたら親にとって都合がいいものだったりするかもしれません。

結局、親の面倒を文句を言いながらも見てくれる「いい人」でいさせるためかもしれません。

親も子どもの気持ちを考える「いい人」になってしまうため、自分自身の「快・不快」の選択ができずに愛の歪《ゆが》みを生み出してしまいます。

「いい人」をやめる、というよりも、**自分自身の「快・不快」を選択することでいつの間にか、長年背負ってきた「いい人」の思い込みを捨て去ることができ、自由に生きられるようになります。**

第3章

自己肯定感をジャマする「万能感」を捨てる

「いい人」になれない自分に、ダメ出ししてしまう

学校の先生が熱心に授業をやった後「誰か質問があるか?」と尋ねると、生徒たちは「シーン」としてしまいます。

そんな時ほど、「なんか質問をしなきゃ!」と自ら進んで「これはどういうことですか?」と的外れな質問をしてしまいます。

先生は口にしないけれど「それ?」という顔をするし、周りのクラスメイトたちは「早く授業を終わらせたいのに質問なんかするなよ!」と舌打ち。

自ら、進んで「いい人」をやってしまうことで、みんなから嫌われてしまう。

こんなことを味わった直後は「もう絶対に『いい人』はやめよう」と固く決心するのですが、しばらくするとまた自分から進んで「いい人」をやってしまいます。

誰もやらないから自分がやるしかない、と思ってしまって「えーい!」と手を挙げる。

困っている人がいたら「自分しか助ける人がいない」と思って、「大丈夫？」と声をかけてしまう。

こんな風に「いい人」が「自分がなんとかしなければ」と動くのは、「自分しかいない」と思ってしまうから。

裏返すと、ほかの人たちは自分ほど「いい人」ではないと思っている、ということになるんです。

シーンと静まり返っている教室では、「自分だけが先生の気持ちを理解することができる」と思ってしまう。悲しそうにしている人を見て、「自分しかこの人の気持ちをわかってあげられない」と思ってしまう。

自ら進んで「いい人」になってしまう人は、「周りを自分と同じような『いい人』だとは思えない」という可能性があります。

実際に、自分がいい人をやらなければ、だれも手を挙げずに授業は終わってしまうし、悲しそうにしている人には誰も気が付いてあげる人がいなくてそのまま放置することになってしまう。

だから、自ら進んで「いい人」をやることになってしまう。

「いい人」の場合、その場で「いい人」をやらなければ後になって、

「なぜ、あの時に手を挙げて質問をしてあげなかったんだろう?」

「どうしてあの人が困っている時に手を差し伸べてあげなかったんだろう?」

と罪悪感が湧いてきてしまう。

一番わかりやすいのが、電車で席に座っている時、年配の女性が目の前に立っている時、「席を譲ったらおばあさん扱いしているようで失礼かな?」とあれこれ考えているうちに、隣に座っていた人が「どうぞ!」と譲ってしまうというケース。

そして、**「なんで自分はすぐに席を譲らなかったんだろう?」と自分を責めてしまう。**

時間が経ってからも、いちいち思い出して「どうして自分はあの時に……」と反省して苦しくなってしまい「今度はすぐに席を譲ろう」と、率先して「いい人」になる。

そうなんです!「いい人」は、進んで「いい人」をやらないと、それをやらなかったことへのダメ出しがいっぱい湧いてきてしまうんです。

その自分へのダメ出しを受けたくないから「いい人」を進んでやってしまう。
授業中に先生に質問をして、みんなから白い目で見られるよりも、後から来る自分へのダメ出しのほうが苦しいから「いい人をやる」となっている。

困っている人のために一生懸命話を聞いても報われない、そんな惨めな気持ちよりも、自分からのダメ出しのほうが苦しいから「いい人」を進んでやってしまうのです。

「かわいそう」は要注意ワード

「いい人」はいつも「いい人」というわけではありません。

何かがトリガーとなってしまうと「いい人」に変身してしまって、居ても立ってもいられなくなる。

そのトリガーとは、相手を見て「かわいそう」と思ってしまうこと。

そうすると、「いい人」になってしまってやめられなくなるのです。

たとえば、上司が同僚のことを「あいつはちっとも仕事ができていない！」とその同僚がその場にいないのに言っていたとします。

そんな時に「いい人」は、同僚が一生懸命に仕事をやっていることを知っているから「上司からちっとも理解されなくてかわいそう！」という「かわいそう」トリガーが発動してしまいます。

そして、上司に「あいつはものすごく頑張っているんです！　それをちゃんとわかってあげてください！」と言ってしまいます。

上司は「お前はあいつがほかの連中よりも仕事ができていないのがわかっていないのか⁉」とヒートアップして、かえって同僚の印象を悪くしてしまいます。

でも「いい人」は「かわいそう」と思ってしまったら、涙混じりに上司に「あいつは頑張っているんです！」と訴えてしまい「あいつが認めてもらえるんだったら、自分はどうなってもいい！」という「いい人」ぶりを発揮してしまいます。

「いい人」は映画監督のように、同僚の頑張っている姿にドラマを見出します。

そして、悪代官のような上司が同僚の努力をムゲにしていて「かわいそう」というストーリーを作ってしまい「自分が何とかしてあげなければ！」とさらに「いい人」になってしまう。

実際は同僚に、仕事が本当にできていなくて、上司の言うことを聞かずにちっとも仕事になっていなかった、という現実があったとしても、自分が作り上げたストーリーがあるからそれがちっとも見えなくなるのです。

ある人は、母親がみすぼらしい恰好や化粧っ気がない顔をしているのを見て、お金がなくて苦労していると思い、「かわいそう」トリガーが発動しました。そして、「いい人」に変身して、自分の貯金を渡してしまうのです。

後になって、母親はもらった貯金を全部、働かないでダラダラしている自分の兄弟にこっそりと分け与えていたことが発覚して「なんで!」と本気で傷ついてしまう。

「お金がなくて苦労している母親」というストーリーを、映画監督のように頭の中で作り出してしまう。

「これまで苦労ばかりで、だれからも優しくされなかった母親」という、どこにもないストーリーを頭の中で作り出して、「かわいそう」と思い込んでしまう。

現実は、人に余計なお世話ばかりして、お金を他人にばらまくのが好きなだけの母親でした。確かに「かわいそう」といえばそうかもしれませんが、この人がイメージしている「かわいそう」とは違っています。

「いい人」になっていると、だれを見ても、その人のストーリーを頭の中で勝手に作り出してしまって、そのストーリーの中の「かわいそう」という演出で相手を助けようとしてしまう。

もし相手に感情移入できなければ「かわいそう」のストーリーを作れなくなるから、「あれ？　この人に対しては『いい人』にならなくていいんだ」とスルーできます。

逆に、感情移入できない相手をスルーしてしまうから、その相手とは深い関係は持てません。

しかし、そんな相手こそ本来は、しっかりしていて頼りがいがあって、「この人と一緒にいると助かる！」という存在です。

そんな自分の助けになるような人は見事にスルーしてしまって、「困った人」や「苦しんでいる人」にばかり感情移入をして助けることで、結局自分の周りには問題を抱えた人しかいなくなってしまう。

そして、「『いい人』はダメな人に巻き込まれてしまう」という、ほかから見たら不幸な人生になっていくのです。

周りの人から見ると「自分が『いい人』を演じたいから、いつも困っている人を見つけ出しているだけ」というように取られてしまうことがあります。

「あの人はよく見られたいから、かわいそうな人を見つけているだけ」とまちがった見方をされてしまうんです。

「困っていない人」は、スルーされたことで「なんで自分に対しては関わってこないんだ」と曲がった見方をすることもあります。

でも、実際は違っていて、「いい人」は表情や外見に敏感に反応して、そこから相手のドラマを自動的に作り出して、「かわいそう」トリガーで「いい人」になるのが自分でもやめられなくなってしまうんです。

「いい人」でいる限り、自己肯定感は育たない

私は子どものころ、「人の気持ちを考えるのはやめよう！」と決心して学校に行くのですが、いつの間にか「かわいそう」トリガーが発動して「いい人」を演じてしまっていました。

いつも「いい人」を演じてはいけない相手に「いい人」をやってしまっていじめられ、不快な思いをするということを毎日のように繰り返していました。

「いい人」になって嫌な思いをするので「人の気持ちなんか考えたくない」と思うのですが、やっぱり人の輪に入ってしまうと、どうしても「かわいそう」と思って「いい人」になってしまうんです。

私はずっと「人から嫌われたくない弱虫だから、すぐに『いい人』になってしまう」と思っていました。

確かに「人から嫌われたくない」という気持ちは強かったのですが、街を歩いていて「あの人、困っていて、かわいそう」と思ってしまうのは「弱虫」とか「嫌われたくない」とは関係ないような気がします。「弱虫」というよりも、「困っている人を自分がなんとかしてあげなければ」と気になるのだから自分は「強者」になります。

では、普段は弱虫で何もできない人間だから、困っている人を助けて優越感に浸ろうとしているのでしょうか。

でも「いい人」って人から感謝されるのが苦手で、「いい人」をやって「ありがとう」と言われると恥ずかしくて顔が真っ赤になってしまうことがあるので、「優越感じゃないでしょ!」となるんです。

むしろ**「自分には何の価値もないから、いい人になってちょっとでも人の役に立たなければいけない」**という感覚。

「いい人」になってしまう人は、どんなに勉強ができたって、優秀な学校を卒業していたって、自己肯定感が低いから「自分には何もない」と思ってしまう。

いくら仕事ができて会社から認められていても自己肯定感が低ければ、謙遜でもなんでもなくて「自分には何もない」と、本人の中では本気で「何もない」という感覚になってしまう。

誰かから褒められても、給料が高くなっても、自己肯定感が低いから「周りは本当の自分をわかっていない」と思う一方で、褒められるような人間ではない、そんな高い給料にふさわしくない、という感覚になってしまう。

ようするに、**一般の人が「仕事ができたら自己肯定感が上がる」とか「お給料が増えたら自己肯定感が上がる」と想像しちゃうのはすべて幻想で、低い自己肯定感はなかなかそんなことでは高くなりません。**

だったら「いい人」は自己肯定感を高めるために「いい人」を自動的にやってしまうのかというと、そこは言い切れません。

「いい人」になってしまう瞬間の自己肯定感は、決して低くはありません。

なぜなら、**相手のことを「かわいそう」と思えるということは「相手よりも自分のほうが立場が上」となっているということだから。**

でも、相手に「いい人」をやってしまった直後は、すぐに「あ！　あんなことをするんじゃなかった！」とか「なんでもっとちゃんとできないんだろう？」と後悔してしまい、自己肯定感は元の低い状態に戻っていることになります。

「いい人」をしている時の自己肯定感の高さを求めているということもありますが、もっとほかに理由があるんです。

それは、「いい人」が子どものころに自己肯定感が下がってしまった原因にあります。

「いい人」は子どものころに「かわいそう」な状況がありました。

でも、だれも本当の意味で「いい人」の気持ちをわかって助けてくれる人がいなかった。

そして、「いい人」はかわいそうなまま放置をされてしまったから、「自分は大切にされる存在じゃない」「自分には価値がない」という風に自己肯定感が低くなってしまった。

そんな「いい人」は、困っている人の中に過去の「かわいそう」な自分を映し出し、その過去の自分を助けようとしているのです。

どんな人の中にも「かわいそう」なストーリーを見出せてしまうのは、「いい人」が過去に誰からもわかってもらえなかった体験をしてきたから。

だから困っているように見える人に対して「かわいそう」というストーリーを簡単

に作り出せてしまう。

「いい人」がいろんな人に過去の自分を映し出してやっていることは、「過去の自分を救おう」という努力。

でも、いくら他人を助けても過去の自分は助けられないにもかかわらず、「いい人」になるのがやめられなくなっているんです。

「いい人」になって救いたいのは「過去の自分」

「いい人」になって人に親切にしても、その瞬間は満足感が得られるような気がしますが、すぐに後悔や不安、下手をすると怒りが湧いてきます。

道をきかれると、「いい人」は丁寧に道を教えてあげて、そしてその説明だとわからないかもしれないから「自分が一緒について行ってあげましょう」とまでしないと気が済まなくなってしまう。

もし、説明しただけで別れてしまったら「あ！　案内してあげればよかったのになんでしなかったんだ」と後悔してしまうから。

でも、自分が目的地まで案内してあげても、軽く「ありがとう」とだけ言われて去ってしまわれると「自分は余計なことをしたかな？」と気になってしまう。

「相手はそんなに丁寧に案内されることは望んでいなかったかも？」と気になって、

後になってもそのことをぐるぐると考えてしまいます。

なんで「いい人」をやったのに満足じゃなくて後悔が湧いてくるのでしょうか？

それは、**「いい人」になっても、自分が求めているものが得られないせいで、ストレスになってしまうから。**

「求めていること」というと、多くの人は、道案内をしたら相手がものすごく感謝して、丁寧なお礼を言ってくれることをイメージするかもしれません。

それもあるかもしれませんが、実際に「いい人」が求めているのは「幼いころの自分を助けてあげられること」なんです。

相手に「いい人」を演じることで、過去の自分が救われることを求めています。

本人は、そんなことを無自覚でやっているので「過去のかわいそうな自分を救うため」なんて意識することはできません。

無自覚ですが、相手に対して「いい人」をやればやるほど、「かわいそうな過去の自分」は誰からも助けられることなく放置されることになります。

だから「どうして誰も助けてくれないんだ！」と怒りが湧いてきます。

その湧いてきた感情が「怒り」と認識できません。

「不安」とか「後悔」というように勝手に解釈して「あんな余計なことをしなければよかったのに」とか「もっと丁寧にやればよかった」となってしまうんです。

そして、そんな風に不安になったり後悔をしたりして一人反省会で自分を責めて、脳に怒りをため込みます。

「なんでかわいそうな自分を誰も助けてくれないんだ！」と怒っているのに、さらに自分を責めてしまっているから「どうしてかわいそうな自分を責めるんだ」とさらに別の怒りが湧いてしまうんです。

この怒りは「いい人」は自覚が持てないから、発散できずにどんどん怒りで脳が帯電してしまいます。

怒りで脳が帯電していると、その電気で神経活動が活発になり、脳が制御しているいろんな感覚が研ぎ澄まされることになります。

怒りでの帯電によって研ぎ澄まされた感覚は、「他の人がわからないことが自分にはわかる」や「他の人にできないことが自分にはできる」「他の人が見えない未来のことが自分にはわかる」というような錯覚を起こしてしまうんです。

この**「自分には他の人ができないことができる、わかる、そして知っている」というのは自己肯定感ではなくて、万能感です。**

ある意味で「いい人」は、感覚的に万能感を持つことで、まるで神になったような錯覚を起こして「自分がすべてをなんとかしなければ！」と思い込んでしまうんです。

「そんな錯覚を起こすなんてありえない」と思うかもしれませんが、**「自分のせいで、あの人が悲しんでいる」「自分のせいで、あの人が大変な目にあってしまった」と、人の感情や不幸の責任を感じることも、実は万能感なんです。**

電車でチラッと目が合った女性がプイッとした時、「あの人を不快にさせてしまったかもしれない」というのも万能感なんですね。

「いい人」は、自責とか罪悪感として捉えているのですが、それは間違っています。

「自分がすべてをコントロールしなければいけない」という万能感からきているんです。

万能感をコントロールしようとしない

「いい人」は、自分が万能感を持っているなんて想像もしません。

しかし、「いい人」が、周りの人の気持ちが気になってしまうのは、「周りの人の気持ちを自分がコントロールしなければいけない」と思うからです。

「相手の感情は相手のものだから、他人がコントロールできないもの」という感覚があれば、誰がどんなことを感じようが自分には関係ないわけです。

ところが「いい人」は「あの人が不機嫌なのが気になる」とか「あの人が落ち込んでいるのが目についてしまう」と、人の感情に敏感に反応してしまいます。

そうして、落ち着かなくなるが、「なんとかしなければ！」という万能感につながってしまいます。

さらに言えば「人の気持ちがわかる」という時点でアウトです。

「いい人」は、人の表情、仕草、そして言葉や声のトーンなどから「自分は相手の感情を的確に把握できている」と思ってしまいます。

「自分が相手の感情を的確に把握できている」と感じてしまうところが万能感の幻想なんです。

でも「いい人」が「この人は、こう感じている」と見た目から相手の感情を疑うことなく確信を持ってしまうのが、何よりも万能感を持っている証拠なんです。

脳が冷静な状態だったら「自分の感情も自分でコントロールできないし、把握できないのだから、他人なんか無理！」と思えます。

だから、人の感情を過剰に読み取ることもしないし、「もしかして」と思っても万能感を持っていなかったら、「絶対にあの人は怒っているに違いない！」と決めつけないでしょう。

「いい人」がここまでのお話を読んだら「自分はなんて勘違い人間で、人の感情を勝手に決めつける傲慢な人間なんだ」と嫌な気分になってしまうことでしょう。

自分が過去にやってきた、人に対するすべての親切や善意を否定されたようで怒りを感じてしまうかもしれません。

その「責められている」「否定されている」という感覚自体が、「誰も自分のことを助けてくれない」というストレスで帯電して敏感になった脳が生み出す、万能感の産物です。

万能感は、脳にたまったストレスが生み出す感覚なので、自分でコントロールできるものではありません。

そして、今感じている「自分だけ万能感に取り憑かれていてみっともない」という感覚自体も、そのストレスで帯電した脳が見せる幻想なんです。

そこから解放されて冷静に周りを見てみると、「あれ？　みんな万能感に取り憑かれていて、自分だけじゃないんだ！」ということがわかります。

そして「脳に帯電したストレスによるものだから、万能感自体がコントロールできるものじゃないんだ！」ということを感じられるんです。

「誰も助けてくれない」という状況があったら「自分一人でやるしかない」ということになりますね。

万能感とは、「誰も助けてくれない」という子どもが生き抜くための本能的なもので、コントロールするものではないんです。

その万能感があったおかげで、これまで生き残ってきたともいえますし、誰も助けてくれない孤独に押しつぶされないで努力し続けることができたともいえます。

ただし、それが自分に対してではなくて他人にまで広がると、「いい人」になってしまいます。

そして「いい人」になればなるほど「誰も自分のことをわかってくれないし、本当の意味で助けてくれない」となるから、ますます万能感が必要となり「いい人」がやめられない、という悪循環になってしまうんです。

万能感は「許す」だけでいい

「いい人」が万能感を持ってしまうのは、ストレスで脳を帯電させてしまうからです。

脳にストレスをためないようにすればいいので「自分を責めない、反省しない」ということができればいいわけです。

でも、「いい人」の場合、逆に「自分を責めない、反省しない」ことができない自分を責めて自分をコントロールしようとしてしまいます。

結果として、ストレスになってしまう。

そこで「万能感を許す」という言葉を使います。

最初のほうにも書きましたが、人間にはあらゆるものを「真ん中に戻す」という、「恒常性」を保つ機能が備わっています。

プラス思考になったら、必ずそれを真ん中に戻すために、マイナス思考が湧いているのです。

「いい人」は、「いい人」であればあるほど、「恒常性」を保つ働きによって「真ん中に戻す」ために万能感が湧いてきてしまう。

謙虚で「いい人」であればあるほど、それを中和させるための万能感がひっそりと存在します。

しかし、**傲慢さを含んだ万能感を打ち消そうとしても、それは謙虚さを増すことでもあるので、「恒常性」が働いてしまい、さらに万能感が知らず知らずのうちに増幅してしまいます。**

そこで「万能感を許す」という言葉を唱えてみると、傲慢さがある状態が「真ん中」と思えるようになるので、万能感を増やさずに済みます。

ある女性が友達と話をしていて、友達の仕事がうまくいっていないことを知ってしまいます。

「せっかく一生懸命に頑張っているのに」とその友達がかわいそうになって、いつもだったら「自分にできることはなんだろう？」といろいろ考えて、友達にアドバイスをしちゃったり、自分が助けられることを考えて手を出してしまいます。

でも、さきほどお伝えした通り、「かわいそう」と思うこと自体、万能感によるものです。

それを知ってしまった彼女は「かわいそう」と思うことも、助け舟を出してもいけないと思ってしまい、友達の話を聞いているのが苦しくなってきます。

なんとかしてほしいと友達が自分に求めているような気がしていて、それを拒否しているような感覚になって、自分が「悪い人」になっている気がしてくるんです。

そんな時に、「なんとかしてあげなければ」と焦っているような感覚になっている自分の中で「万能感を許す」と唱えてみます。

すると、落ち着かなかった気持ちが落ち着いて、友達の話にちゃんと耳を傾けることができます。

唱える前は、友達の話を聞いているようで聞いていませんでした。

「どうしてあげたらいいんだろう？」とか「この子は私に何を求めているんだろう？」とぐるぐると考えてばかりだったのです。

ですが、言葉を唱えてからは、友達の話がよく聞こえてきて「なんで私が助けてあげなきゃ、と思っていたんだろう?」と、現実が見えてきます。

「いい人」をやっていた時は万能感で、友達のことを自分と同じように感情を持った人間と認識していなかった、ということがわかってきます。

なぜなら**「万能感を許す」と唱えて、その万能感から解放されてみたら、友達も自分と同じ人間で、自分が手を出す必要なんかちっともないってわかるからです。**

話を聞いているだけで、相手を尊敬することができて、そして相手は自分の力でちゃんと立ち上がって困難を乗り越えていきます。

また、別のある女性は、職場で「仕事ができなくてみんなに迷惑をかけてしまう」と悩んでいました。

上司は自分に対していつも不快な態度を取ってくるし、周りの同僚たちは彼女のことを呆れたような目で見ていると感じています。

だから、人一倍働いて、みんなに迷惑をかけないようにしようと努力するのですが、同じ失敗を繰り返してしまって、自分ではどうすることもできなくなっていたんです。

そんな彼女が「みんなに迷惑をかけている」とか「相手の気持ちがわかってしまう」

というのも万能感だということを知って、「万能感を許す」と唱えてみます。

すると、いつも「自分はダメだ」と自分を責めていたのが「あれ？」となります。

「もしかして、自分はドジキャラでこの職場の癒やし役になっていたのかも」と気が付いたんです。

自分では「仕事を辞めさせられてもおかしくない」とびくびくしながら仕事をやっていたのですが、「ここにいるだけでいいのかも！」と思えたんです。

「自分は仕事ができないから」と思って人の仕事まで引き受けていたのが、それをする必要がないことがわかってきます。

「万能感を許す」と唱えてみると、自分の仕事だけを淡々とこなして、自分がしたいことだけをやるようになりました。

その女性は「自分はダメだから」と思っていたのですが「私って、みんなの不快な仕事や感情を引き受けていたからストレスがたまって失敗していたんだ！」ということが見えてきます。

そして「万能感を許す」と唱えていたら、いつの間にかみんなが近寄ってきてくれて、彼女の話を聞いてくれて、仕事を助けてくれるようになったんです。

相手の気持ちを、ちょっとでも想像しない

自分が「いい人」を演じているかどうかに気が付くだけで、無意識に「いい人」を演じるのをやめることができて楽になります。

でも、問題は「いい人」は本当に無意識で自動的にやってしまうことなんです。癖のように、いつの間にか「いい人」をやってしまって、人に巻き込まれてしまいます。

そこで「いい人」をやってしまう兆候を挙げてみます。

一番わかりやすいのは「人に気を遣っているとき」は、確実に「いい人」をやっています。

気を遣っているかどうかはどうやってわかるのかというと「あ、この人は怒っているんじゃないか」と相手の気持ちを想像してしまうことです。

ちょっとでも相手の気持ちを想像してしまったら、「相手に気を遣っている」状態になっていて、「いい人」はもう始まっています。

「いい人」になっているかわかりにくいのが、「焦っている」時です。

焦りは、周りの人の気持ちを考えているから「焦る」となるわけですね。

そんな時は確実に「いい人」になっているので、「焦ってきた」と思ったら「あ！いい人をやっているんだ！」と思ってみましょう。

緊張する時もかなり高い確率で「いい人」になっています。

緊張は、人の視線などを気にしている時が多く、その視線を気にするということ自体、相手の気持ちを気にしているサインですね。

だから**「緊張しているのは、『いい人』をやっているからなんだ！」と気が付いてみると「いい人」の呪縛が解けます。**

「いい人」になっていることに気が付いたら、やめようと思わなくても自然と「いい人」でなくなります。

「あの人のことが心配」と思ってしまう時は、自覚はないですが確実に相手の気持ちを考えている状態です。

だから「心配」とか「かわいそう」という思いは、「いい人」をやっていることに気が付く大切なポイントになります。

また、**「いい人」の言動では「すみません」や「申し訳ない」という言葉が頻発します。**

「すみません」と言ったら「いい人をやっているんだ！」という気付きになり、自動的に「いい人」から解放されていきます。

視線があっちこっちに動いて定まらない時は「いい人」になっています。

あっちこっち動いているという時は、「いい人」になるきっかけを探している、と思って間違いないです。

だから、**視線が定まらなかったら「いい人をやろうとしている！」と気が付いてください。**

「いい人」になっている自分の思考や言動を変える必要はありません。

「相手の気持ちを考える」、「気を遣う」、「焦り」、「緊張」、「すみません」や「定まらない視線」などが「いい人」をやっている証拠なんだ、と気付いてあげるだけでいいんです。

「あ！　自分はいい人をやっている！」と気が付いてあげるだけで、「いい人」から解放されて、どんどん自分が自由になっていきます。

そして、それに合わせて周りの人たちも変わっていくのです。

「いい人」をやめても、見捨てられない

「いい人でいなければいけない」というのは思い込みなのですが、そう思うのは「自分がいい人をやめてしまったら、みんな自分から離れてしまう」と思っているから。

「いい人」だから人は私のことを見捨てずにいてくれている、と思ってしまうのには、二つの理由があります。

一つ目は「いい人」になればなるほど、本人の中で「恒常性」が働いて、「万能感バリバリの傲慢な人間」が大きくなってしまい、「いい人」は表面上であって、その裏にある傲慢さを知られたら人は自分から離れてしまう、という感覚があるからです。

「傲慢な人間は、人から嫌われてさげすまれてしまう」という恐怖があると、さらに『いい人』でなければならない」という呪いがかかった状態になってしまいます。

二つ目の理由は「人間関係の恒常性」の問題です。

人間には「恒常性」を保つ機能が働いて、プラス思考になったら、必ずマイナス思考になって「真ん中に戻す」となります。

これが人間関係にもあって、「いい人」がいたらそのグループの中で恒常性の機能が働いてしまうから、「嫌な人」が必ず出てきます。

だから「いい人」がいると必ず「嫌な人」が出てきて「嫌な人に受け入れてもらえない」という状況になってしまいます。

「いい人」になっていると、みんなが自分から離れていくことに恐怖を感じます。

「あの人に受け入れてもらえない」という、拒絶された部分だけがクローズアップされてしまう。

だから『いい人』になって相手から受け入れられなきゃ」と思ってしまい、「『いい人』でなければならない」と考えてしまうんです。

しかし、そこで「いい人」をやめてみると「あれ？　あの嫌だった人が私のことを受け入れてくれた！」となるのは、「いい人」をやめたことで「嫌な人」がその役割を演じる必要がなくなったから。

相手は意識的に「嫌な人」をやっているわけではなくて、グループ内の恒常性で自動的にそのようになってしまうのです。

だから、**自分が「いい人」の役割を降りた時に、その人も自動的に「嫌な人」を演じなくなる。**

「『いい人』でなければならない」というのは「『いい人』でなければ自分は受け入れられない」と思ってしまっているからですが、逆に「『いい人』をやめたら受け入れられた」となれば、「ただの思い込み」ということが実感できるでしょう。

私は以前、精神科のクリニックで働いている時に「スタッフなんだから、患者さんにとって『いい人』でいなければいけない」と思っていました。

心を病んでしまって苦しんでいる人が通ってくる病院ですから、そこで働いている看護師さんは天使のような人だし、お医者さんは聖人のような人だ、と思っていたからです。

だから、私もそこで働くのだったら当然「いい人」にならなければいけない、と信じて疑わず、うつむいている人を見たら「大丈夫ですか？」と声をかけ、イライラしている人がいたら「お話を聞きますよ！」と近寄って熱心に話を聞いていました。

誰が見たって「正しいことをやっている」と信じてやっていたのです。

患者さん同士のけんかがあれば仲裁に入り、患者さんがお酒を飲んで病院に来てしまったら「どうしてお酒を飲んでしまったの？」と丁寧に話を聞いていました。

私は「いい人」をやっているから患者さんが私のことを信用して頼ってくれているし、これが患者さんのためになっている、と信じて疑わなかったんです。

けれども、私が「いい人」をやればやるほど、患者さんの精神状態が落ち着かなくなってしまいました。

他のスタッフからは「あんたのせいで患者さんたちが不安定になっている」という冷たい目で見られて、私は寂しい気持ちになっていました。

そのうち、次から次へと患者さんの問題が毎日のように勃発して、丁寧にそれに対応していたら、私はどんどん眠れなくなってしまって、ある時に「もうやってられない！」と仕事を投げ出したくなりました。

でも「いい人」である以上、思い切って仕事を辞めることもできず、できたことは、残業せずに退勤時間になったらロッカーに白衣をしまって、一人でさっさとバッティングセンターに行くことでした。

バッティングセンター通いが毎日のようになったころ、スタッフたちが私に興味を持って「一緒に遊びに行きましょうよ！」と言ってくれました。

すると病院内でも「今日は仕事帰りに何をして遊ぼうかな？」とずっと考えるようになります。

そんな時に「あれ？　なんでこんな遊びのことを考えられるようになったんだろう？」と不思議に思ったら、あれだけ毎日トラブルを起こしていた患者さんたちが「静か」になっていたんです。

みんな落ち着いていて、トラブルが全く起こらなくなっていました。

その時に「あ！『いい人』でなければならないという思い込みが患者さんたちを不安定にしていたんだ」ということを悟ったんです。

「申し訳ない！」と感じるとまた「いい人」をやりそうになりましたが、毎日のように遊んでいた私は「まあいいか！」と思えました。

そして新人さんがスタッフとして入ってきた時に「『いい人』でなければいけない」という思い込みで動いているのを見て、「うん、うん！　いつまで『いい人』を続けられるのかな？」と、私は「いい人」をやめて温かい目で新人さんのことを見てあげられるようになったんです。

「いい人」でなくなったって、自分の人生は誰からも見捨てられません。

「『いい人』をやらなくていいのかな……」という罪悪感との向き合い方は、次の章でお伝えしましょう。

第4章

過去にとらわれる「罪悪感」を消す

「自分のせいで」は、砂漠の蜃気楼と同じ

ここまでお伝えしたように、「いい人」を演じてしまうのには様々な原因がありますが、「苦しんでいる人を助けられなかった」という気持ち、つまり「罪悪感」も大きな原因の一つです。

幼少期に、目の前に苦しんでいる人がいて助けられないと、「自分のせいで」苦しんでいると考えてしまい「罪悪感」を持つようになります。

この罪悪感は、「困った人」「苦しんでいる人」を見たら自動的にムクムクと湧いてきて、居ても立ってもいられない、という感覚にさせます。

過去の罪悪感が目の前の全然関係ない人に結びついてしまって、「いい人」をやらなければ「自分が悪いことをしている」というような感覚になってしまう。

その罪悪感は完全に錯覚です。

砂漠を歩いていて、オアシスの蜃気楼を見ているのと同じです。

「そこに行けばこの渇き（罪悪感）がなくなるかもしれない」と思って、走って近寄らずにはいられなくなってしまいます。

でも、かけつけて「いい人」をやってみても罪悪感という渇きは消えることがなく、さらに罪悪感が増す……という悪循環になってしまいます。

ある女性は幼いころに、事業で失敗して借金を背負って苦しんでいた父親を目にしていました。

幼かった彼女は「助けてあげたい」と思って、貯めていたお小遣いを父親に何気なく「お父さんのために使ってね」と渡しました。

でも、もちろん父親の借金はそんな額では解消されず、それからもお金で苦しむ父を見るたびに**「私が助けてあげられなかった」**、そして**「私の食べるものや洋服を買うお金のためにお父さんは苦しんでいる」**と、二重の罪悪感を自分に結びつけてしまいます。

そして、その女性は成長してから「進学したくない」と言い出しました。

学費がかかる罪悪感から「両親に負担をかけたくない」という「いい人」になってしまったからです。

さらに、社会人になって仕事をしはじめてからも、お金に困っている人がいると「私がなんとかしてあげなければ」と考えるようになりました。

独立して仕事の報酬を請求する時でも「この人はお金に困っていそう」と思ってしまったら、ちゃんと請求できず、まるで父親と同じように、お金に苦しむ生活を送るようになってしまうんです。

幼いころに抱いた罪悪感が処理されずに残っていると、いろんな人にその罪悪感が結びついてしまって、「いい人」をやらずにはいられなくなってしまいます。

ある男性は幼いころに、病気がちだった母親の苦しむ姿を見て「助けてあげたい」と子どもながら一生懸命に母親の世話をします。

でも、母親の状態がちっともよくならなかったので「助けられなかった」という罪悪感が湧きました。その罪悪感が暴走して**「僕がいい子じゃないから、お母さんは苦しんでいる」**という幻想を生み出します。

そして「いい子」にならなきゃと思って努力しますが、そんなことをしても母親は調子が悪くて不機嫌になるだけ。

ますます「自分がいい子じゃないから」となってしまいます。母親を助けられない自分はダメだという感じで自分の価値を下げてしまい「勉強も何もしたくない」と自暴自棄になってしまう。

いくら頑張っても助けられない罪悪感から、自分が悪いと責められている感覚になって「もう自分なんかどうにでもなれ！」と投げやりな人生を歩むようになる。

でも、消えない罪悪感があるから「困っている人」を見たら助けようとして「いい人」をやってしまいます。

そして、「いい人」をやれば、相手は「最悪な人」へと変身して傷つけられてしまう。

そんな時でも「自分が悪いからこんなことをされるんだ」とここでも罪悪感が現実を歪めて「いい人」になり続けることを強要するんです。

罪悪感は「他人からの支配」のはじまり

「いい人」は「自分はただ困っている人を助けているだけ」とか「誰もやらないから私がやるしかない」と思っています。

でも、その心の裏にある「罪悪感」の存在には、本人も周りの人たちも気付きません。

「いい人」のトリガーになっている「罪悪感」は、親や周りの人たちから植え付けられているもの。

親や周りの人から植え付けられた「罪悪感」で、「いい人」をやらされてしまうわけですから、自由意志のない支配された人生になっています。

ある男性のケースをお話しします。彼の職場の同僚が上司から「なんで言われたことがちゃんとできないんだ！」と怒られて落ち込んでいた時のことです。

男性は自分もたくさんの仕事を抱えていて忙しいのに「声をかけてあげようかな？」と悩み始めます。

落ち込んでいる同僚をフォローしてあげるなんて、手いっぱいの自分がやることではないのに、手を差し伸べないと「自分は冷たい人間なんだ」と罪悪感が湧いてしまうからです。

「自分の仕事を終わらせなきゃ！」と同僚のことを放って仕事を終えても、いつまでも「悪いことをしちゃったな……」と後悔して、家に帰ってもそのことを思い出してしまう。

そんな風に苦しむのが嫌だから、次に同僚が落ち込んでいる時、真っ先に「今日一緒に食事に行こうか！」と誘ってみても「今日は予定があるから」と断られてしまいます。

すると、「心配してあげているのに！」と断った同僚に怒りが湧いたりする。

そんな器が小さい自分が嫌で、やっぱりくよくよと家に帰ってからも同僚のことを考えて……という形で、ずっと同僚に支配されている状態が生まれます。

まるで主従関係のように相手に気を遣って「なんとかしてあげなければ」と真剣に

考えてしまう。

この男性は、この同僚との関係だけでなく、ずっと他人に支配される人生を歩んでいました。

子どものころは、いじめられている同級生を助けて、次のターゲットになっていました。学生になって、困っている女性がいたら声をかけて、そして好みのタイプでもないのにいつの間にかお付き合いをすることに。女性が「おいしいものを食べたい」と言ったら、お金がなくても高いレストランに連れていき、そしてついにはカードで借金までしてしまうようになる……。

自分はそんなことをしたくなくても、それをしてあげなければ悪いことをしている、と感じて、完全に相手に人生を支配されてしまうのです。

ある女性も同じようなことをしてしまいます。

人とコミュニケーションがうまく取れない不器用な男性を見たら「かわいそう」と思ってしまう。

優しく声をかけて話を聞いてあげると、相手が勘違いをして、「え？　私があなたを好きなことになっているの？」という状況になっている。

でも「断ったらこの人が傷ついてしまう」という罪悪感が湧いてくるので、自分の好みでもなんでもないのに、相手を目の前にすると「いい人」になってしまって、断れずに相手に支配されてしまう。

そして、相手のために話を聞いてあげたり服をコーディネートをしてあげたりしていると、それまで女の子から見向きもされなかった男性は、調子に乗ってほかの女性になびいてしまう。

「あの人は、あの女性にいいように使われているから助けてあげなきゃ」と、本当は最初からそんなに好きでもないのにその女性と別れさせようとする。

すると「嫉妬している」と受け取られて、その男性のことが本気で好きみたいな感覚に陥り、そこから抜け出せなくなってしまう。

その女性は職場でも「いい人」で、ほかの担当者が困っていたら「私が引き受けてあげる」とクレーマーの対応をしてしまう。

自分がミスをしたわけじゃないのに、同僚が困っていたから「大変申し訳ありません！」と頭を下げる。

でも相手の怒りが収まらない。

ふっと後ろを見たら、元々の担当者も上司もいなくて、自分一人で対処しなければならなくなっていて、ということが繰り返されているのに、その職場を辞められない。

なぜなら「自分がいなくなったらみんなが困る」から。

給料も安いままでいいように使われているのはわかっているけど、**完全にダメ社員とダメ上司に支配されてしまっていて、「いい人」になってしまってそこから抜け出すことができなくなっていた。**

このパターンにはまると、「こんな人生は嫌だ」と思っても、困っている人を目にしてしまうと「いい人」に自動的になってしまいます。

そして、周りの人たちに人生を支配されてしまって抜け出すことができなくなります。

あえて「他人の力」に乗っかる

「いい人」をやめる方法で「他人の力」に乗っかる、というのがあります。

「いい人」は、何事も自分で考えて、一人で周りの人のために動かなければ、という状況に自然となってしまいます。

結果的に、「なんで自分一人がこんなに頑張らなければいけないんだ！」という状況になるのですが、「いい人」だから「かわいそうなみんなを、自分がなんとかしてあげなければ」と思ってしまいます。

「いい人」は、「かわいそう」「なんとかしてあげなきゃ」と思って「いい人」を演じているのですが、「恒常性」があることで「いい人」とのバランスを取ろうと、周りは「いい人」の足を引っ張る役割を演じるようになってしまいます。

そこで「いい人」が「他人の力」に乗っかれば、「いい人」を演じる必要がなくなって「みんなすごいから助けなくていいかも！」と思えます。

「他人の力」に乗っかる、とは具体的にどうしたらいいのか。

それは、「いい人」を演じる前に「相手に率直な質問」をすればいいんです。

「自分がなんとかしなきゃ！」と思うようなことがあったら、それに関わっている人に「このことについてどう思う？」と、相手を誘導せずに率直にきいてみます。

すると「あ！　相手の中にちゃんと答えがあるんだ！」ということがわかって、感動します。

相手の答えに感動したり、関心を示したりすると「おー！　相手の力が発揮されている！」というような感じで、相手の力に乗っかることができるようになるんです。

ある女性が保護者会で「いい人」を演じてしまって「どんどん損な役割を負わされてしまってやりきれない！」という状態になってしまいました。

そんな時に「他人の力に乗っかる！」と、頭の中で唱えてみます。

すると「あれ？　頭が真っ白になって何も考えられない！」という不思議な状態に陥ります。

そして、周りのお母さんたちに「あれ？　これってどうやるんだっけ？」と一人で抱えないで素直に質問できます。さらに「あなたは天然だから、私がやってあげるよ！」と、他のお母さんたちが彼女の仕事を勝手にやってくれます。

いわゆる「天然キャラ」状態になっているみたいで、気が付いたら「私の役割を周りのみんながやってくれるようになった」と申し訳ない気持ちにもなります。

でも「一人でやるよりもみんなの力でいいものができた！」となって、みんなのキラキラした笑顔がとっても嬉しく感じられるようになります。

別の女性は職場で「いい人」を演じてしまっていて、定時に家に帰れない日が続いていました。

みんな家族があって早く帰りたいだろうから、「いいよ！」と二つ返事で仕事を引き受け、一人で仕事をこなしていました。

すると、次から次へと関連したことを引き受けなければならなくなり、いつの間にか「なんで私だけこんなに大変なの!?」となってしまったんです。

そこで「他人の力に乗っかる！」と唱えてみます。

すると「疲れているかも?」と急にフラフラするように思えて、「あ! その仕事、私がやりますよ!」と同僚が手を貸してくれます。

さらに仕事をちっともしない上司が「あなたは早く帰ったほうがいいよ!」と、抱えていた仕事を全部振り分けてくれて、定時で退勤させてくれるようになります。

「こんなに明るいうちに家に帰るって、気持ちいいものなんだ!」と感動して、初めて「自由」を感じられるようになりました。

もちろん「いい人」がムクムクと顔を出して「みんなに申し訳ない」という罪悪感が出てくるのですが、**「他人の力に乗っかる!」と唱えてみると「みんなすごいからいいか!」と、仕事を任せて生き生きとした生活が送れるように変わっていったんです。**

親に「いい人やめる」宣言をする

「いい人」の親も、「いい人」で悩んでいます。

ある意味で**「親も『いい人』をやめられなくて同じことを繰り返しているのだから、自分もやめられない」という暗示にかかっているんです。**

この暗示は非常に強烈で、なかなか取れないということを「いい人」は知っています。

こんな自分にしてしまった親を憎めば、後から罪悪感が襲ってくるので、あんなに怒ったのに、ちょっとしたらまた親に対して「いい人」を演じてしまう。

「いい人」の親を尊敬してみても「やっぱり『いい人』で損をする!」という親と同じことをしている自分がいて、その自分を好きになることができない。

そこで「親から受け継いだ『いい人』を、捨てる方法」が必要になります。

それが「『いい人』の親に宣言をする」という方法です。

具体的には**「自分が親の真似をして『いい人』をやってしまっていた」という事実を伝え、「これからは自分らしく生きるから『いい人』をやめます」と親に宣言をしちゃうのです。**

これをすることで親から受け継いだ「いい人」の呪縛《じゅばく》を解いてしまうんです。

その呪縛とは、「いい人」の親も常に「いい人」をやってしまって苦労しているということです。意識はしませんが「いい人」になって嫌な思いをした時、「あの子もこんな風に『いい人』をやって苦労しているんだろうな」と思ってしまいます。

それが「暗示」となって子ども側に伝わってきて『いい人』がやめられない！」という呪いのような状態を作り出しています。

だから、「私はあなたの『いい人』を確かに受け継いでいた」と認めちゃうのです。

そして「『いい人』をやめて自分らしく生きます！」と宣言することで、親から受けていた「あの子も苦労しているんだろうな」という暗示を打ち消しちゃいます。

「そんなことを言っても、あの子は『いい人』をやってしまうんだろうな！」という親の姿が思い浮かぶかもしれません。

その時は「暗示が入ってきているんだな！」と認識することができて「その手は食わないぞ！」と、ちゃんと「いい人」になることを避けることができます。

そして「いい人」から抜け出して、「負の連鎖」をここで断ち切れるように変化できるのです。

ある女性は「いい人」をやっていると「ストレスで食べるのが止まらない！」となります。ダイエットするのですが「またすぐに太っちゃう！」ということを繰り返していました。

さらに、仕事でも「いい人」だから人の仕事ばかり手伝ってしまって自分の仕事がちっとも進まず、誰よりも仕事をしているのに評価されません。

まるで父親と同じような状況になっていて「お父さんと同じようになるのは嫌だ！」という感じになっていました。

でも、あんなお人好しのお父さんのようにはならないと思っていたけど、いつの間にか自分がそうなっていて、体型まで父親に似てきてしまっていて「これはなんとかしなければ！」と「いい人」をやめる決心をしたんです。

そこで「話を聞いてもらいたい！」と実家の父親のところに休日出かけて行きます。女性は「お父さん、私はお人好しのお父さんが昔から嫌だった。でもいつの間にか私はお父さんと同じ、『いい人』になってしまった」ということを伝えました。

父親は「お前も断ることが苦手だからな」と優しく言ってくれましたが、そこで女性は「私は、『いい人』をやめて、自分らしく自由に生きます！」と父親の前で宣言します。

すると父親がびっくりしたような顔をして、「そうか」とだけ答えたんです。

それから、職場で嫌なことがあったらあの宣言をした時の父親の顔を思い浮かべます。すると断るのが苦じゃなくなっていました。

さらに、「いい人」をやらなくていいんだ、と思ったら、ストレスが軽減して甘いものを食べなくても大丈夫になって、ダイエットなしでどんどん体重が元に戻っていきました。

「『いい人』ってストレスだったんだ！」と、女性は初めて実感できたんです。

それから帰省するたびに、女性は父親から行動をじーっと観察されているような視線を感じますが、あの宣言をしてから明らかに父親とは違った人生を歩める予感がしてきたんです。

ある男性は「いい人」をやっていたら、ストレスで思うように仕事ができなくなってしまいました。

何をやっても上司から怒られる、そして怒られれば怒られるほど、仕事ができなくなる、という悪循環にはまってしまったんです。

最初は、その原因が「いい人」にあるなんて思いもしませんでした。

でも、振り返ってみると、周りの人の気持ちを気にし過ぎていてストレスになっていたことと、「上司がかわいそう」と思ってしまっていることに気が付いたんです。

「上司がかわいそう」と思ったら仕事ができるような気がします。

でも「かわいそう」だから、思ったことをはっきり上司に伝えないでいたら、上司の意見と食い違っていて「なんで私が言った通りにやらないんだ！」と上司を怒らせてしまう。

怒らせれば怒らせるほど「申し訳ない」と「かわいそう」が重なって、ハッキリ物が言えなくなりました。

そのことに気が付いて男性は、「いい人」だった母親のところに行きます。

そして**「僕はお母さんがやってきた、『いい人』を真似してきました!」と思い切って伝えたんです。**

うらみつらみを言うのではなくて「真似をしてきたことを認める」ということを彼は実践します。

母親は、父親の横暴な態度にもいつも笑顔で対処してきて、それを思い出すだけでも男性は涙が溢れてきてしまいます。

そして男性は「僕は『いい人』をやめて、自分らしく生きます!」としっかりと宣言をします。

そうしたら上司のことが怖くなくなり、人間として対等なやりとりができるようになっていました。

男性が「いい人」が原因と思っていたのは見事に的中していて、上司に気を遣うことがなくなって、自分の気持ちを素直に伝えられるようになりました。

そして、周りの人の気持ちを考えることをしなくなったら「職場が結構楽かもしれない!」となって男性はどんどん仕事ができるようになり、やがて「転職しよう」とポジティブに考えられるようになります。

そして宣言通り、「いい人」をやめて、どんどん自分のために生きて、ステップアップしていったんです。

すでに優しいあなたに笑顔はいらない

「いい人」でいると、常に笑顔でいなければならなくなってしまいます。

嫌なことを言われても「笑顔で返す」というようなことをしてしまって、ものすごく疲れる……というのは、脳にストレスがたまるから。

人は、不快感を表情などで示して、不快感を与えてくる相手に「不快」だと伝えます。

それが伝わった時に、「ストレスが解消された！」となります。

でも「いい人」の場合、**「不快」と感じても「相手に伝えたらかわいそう」ととっさに考えてしまうから、笑顔になってしまい、不快がそのまま脳にたまってしまうんです。**

不快感は「疲れ」と認識され、それが解消されずにどんどん蓄積されてしまいます。

だから、いつも疲れている状態となっていても、笑顔でいるので周りの誰もわかってくれないんです。

「いい人」が、「笑顔をやめてしまったら、他人に不快感を与えてしまう」と思っているのは、相手を信用していないから。

ある意味、自分以外は信じられない、となっている。

だから、誰に対しても「いい人」を演じてしまうんです。

でも「いい人」になればなるほど、みんなはその逆を演じるので、自分は「誰も信じられない！」ということになってしまいます。

そこで「笑顔をやめちゃおう！」というのは「いい人」には難しいかもしれませんが、簡単にやめられる方法があるんです。

それは「安心感」と頭の中で唱えるだけ。

そこで、あなたがつい笑顔を作ってしまう人の前で、「安心感」と頭の中で唱えてみる。すると「あれ？　笑顔とは違う表情になっているかも！」と気が付くかもしれません。

一番わかりやすいのは、鏡の前で試してみること。いつも「いい人」を演じてしまう相手のことを思い浮かべて、その時の表情を作ってみます。

すると「こんな笑顔をしているんだ」ということがわかります。

そこで今度は「安心感」と頭の中で唱えてみた時に「あ！　表情の筋肉が緩んだ！」というのがわかります。

鏡を見ている「普通の顔」、それが「安心感」の表情になります。

「安心感」という言葉を唱えた時は、たしかに笑顔じゃなくなりますが、周りの人の反応はよいほうに変わります。

周りの人の表情も柔らかくなって、不思議とそこで安心を感じられるようになります。「いい人をやらなくなった！」となるのは、その表情で周りの人たちを信じられるようになります。

そうなんです、「安心感」の表情をするだけで、周りも信用できる人たちに変わって、みんなと一緒に自分も安心を感じられるようになるんです。

すると、それまで感じていた「疲れ」が解消されて、さらに自由に動けるようになって楽しくなっていくのです。

頼みごとを断った自分を責めない

「いい人」は、人の頼みごとを断った後に「なんで断っちゃったんだろう？」と後悔しちゃいます。

「あの人、私のことを嫌いになったかもしれない！」とか「もう、私は信用してもらえないかも？」と不安になります。

すると今度は「なんで私にばっかり頼るの!?　あの人は！」とか「もっと私の状況のことを考えてくれたらあんな頼みごとなんかしてこないはずなのに！」と怒りが湧いてきてしまいます。

これは、人間に備わっている「恒常性」を保つ機能で「バランスを取る」ということをやっているせいです。

だから「罪悪感」を覚えたら、「なんで私がそんなことを思わなきゃいけないの！」

という怒りが、バランスを取るために自動的に湧いてきちゃうのです。

「いい人」の場合は「罪悪感」をそこに感じてしまうから、再び「そんなことを思う自分がおかしい」という感じになり、そのバランスを取るために「相手がおかしい、間違っている」という思考が自動的に湧いてきてしまう。

こんなに苦しむんだったら断らなきゃよかった、というところまで考え込んでしまうから「いい人」がやめられなくなるのです。


このシーソーゲームのような、「罪悪感」と「怒り」が交互にくるのが止まれば、「いい人」は簡単にやめられます。

その方法は簡単で、人の頼みごとを断って、「罪悪感」と怒りが湧いてきた時に、頭の中で「自分を許します」と唱えてしまえばいいだけです。

頭の中では、頼みごとを断ったことを相手に責められたような感覚になっていますが、実際は「自分で自分を責めている」ということなんです。

この「自分で自分を責める」ということをやっていると、頭の中でストーリーがどんどん展開して、相手が本当に自分を嫌って責めている感覚になり、それが現実にな

ってしまうことも多いんです。

人間は、思考で現実を作り出すことができます。だから「相手が怒っているんだろうな」と思ったら、それが現実になってしまう。

断った後に後悔や「罪悪感」が湧いてきた時に「自分を許します」と唱えたら「ぐるぐるしなくなった」とシーソーゲームが止まります。

そして、**断った人と次に会った時に「自分が想像していた現実とは全然違うんだ！」という優しい現実が目の前に広がっているのを確認することができるんです。**

「自分を許します」と言って自分を責めないでいると、そこには本当に優しい現実の世界が「いい人」のために用意されていて、不必要に気を遣ったり、自分が犠牲になったりする必要が全くないと実感できるんです。

物足りなさを感じるかもしれませんが、それに対しても「自分を許します」と頻繁に唱えていきます。

すると、その現実を受け入れて、自分のために用意されているこの世界を自由にのびのびと生きる楽しみを覚えるんです。

あらゆる「ふり」をやめれば信頼される

人付き合いで疲れてしまう人は、「いい人」以外にも「優しい人」「理解がある人」、そして「正しい人」のふりをしてしまっています。

「優しい人」を演じて、「かわいそう」とか「困っているから助けてあげなきゃ」と思います。

一方で、人間には「恒常性」を保つ機能があるから、頭の中では、その反対の「ざまあみろ」とか「甘ったれてんじゃないよ！」という真逆の気持ちが浮かんできてしまいます。

その性質のせいで、「そんなことを考えてしまったら相手がかわいそう」という罪悪感で、相手に「優しい人」のふりをしなければならなくなってしまう。

「理解がある人」も同じで、相手に対して「その気持ち、よくわかるよ！」「よく頑張っているね」という姿を演じてしまうと、その逆である「人に頼ってんじゃないよ！」「もっと考えて取り組まないから、そんなことになるんだ！」ということが必ず頭に浮かんでしまう。

それを打ち消すために「理解のある人」のふりをさらに続けなければいけなくなってしまう。

「正しい人」は、親や周りの人に罪悪感を抱いて「正しい人」のふりをしなければならなくなっている。

その罪悪感に支配されてしまって「正しい人」のふりをすればするほど「自分は正しくない！」という気持ちが湧いてきてしまうのも、「恒常性」のせい。

でも「自分は正しくない」となればなるほど罪悪感が襲ってくるから、「正しい人」のふりがやめられない、となってしまう。

そして、**この「ふり」や「ぶりっ子」がばれたら軽蔑されるかも、と想像してしまうから、一度、この「ふり」をし始めたらなかなかそこから抜け出すことが難しくなってしまう。**

単純に考えてみれば、信頼できる相手だったら「ふり」は必要なくて「素の自分」

でいられます。

そうなると**「ふり」をしなければいけない相手は、「信用できない」となっている相手です。**

「信用できない」ということは、相手に対して必ず「怒り」があります。

だから、本来の自分じゃない性格を演じそうになったら、「相手に対する怒りを感じる」トレーニングをしてみましょう。

相手に直接的に表現する必要はありません。「頭の中で辛辣なダメ出しをするトレーニング」です。「ふり」「ぶりっ子」をしていると「え～？　そんなひどいことできない」と思ってしまうかもしれません。

でも「いい人」、「優しい人」、「理解がある人」、「正しい人」を演じれば演じるほど、「恒常性」で相手に対してのダメ出しがたくさん頭の中に渦巻いている。

その水面下に沈んでいる「怒り」をちゃんと受け止めるトレーニングをしていくと、面白いことが起こります。

それまで「ふり」「ぶりっ子」をして本音をぶつけられなかったのが、「この人に対して本音で話してもいいのかも！」と、何かの「ふり」をするんじゃなくて、素のままの自分で相手に対応することができるようになります。

すると「これが本当の意味の信頼なんだ！」と感じられるんです。

ある男性が部下に対して「優しい上司」を演じてしまっていて、部下が言いたい放題のモンスターになってしまったと困っていました。

「理解があるふり」をして「大切な用事があるんだったら仕事が中途半端でもいいよ！」という対応をすると、部下は断りもなく時間前に帰ってしまうようになって「あれ？」と、ものすごく嫌な気分になってしまいます。

でも「正しい人」を演じて、世の中の流れも踏まえて、「自分の対応は間違っていないし、部下のあの行動は働き方改革に沿っているから間違っていない」と自分を納得させるんです。

なんかモヤモヤしていて、どんどん部署の業績は下がって、男性は「管理能力がない上司」と評価されていることを感じて焦りました。

そこで「怒りを感じるトレーニング」をその男性にしてもらいました。部下を見たら、

「仕事できないくせにチャラチャラしてんじゃねえよ！」

「自分が仕事できてるなんて、勘違いだって気が付けよ！」

というようにトレーニングをしてみたら、部下に対する辛辣な悪口がどんどん出てきて「自分はこんなことを思っていたんだ！」と自分でもびっくりします。

「嫌われちゃう」とか「部下が辞めちゃうかも」と思い、腫《は》れ物にさわるような対応だったのですが、「私の指示に従ってもらいたい！」とストレートに自分の気持ちを伝えたら、「ちゃんと部下がチームの一員として動いてくれるようになった！」とびっくりします。

「ふり」をやめるトレーニングをすると、相手と対等な関係で自分の本音をぶつけることができて、相手との間に本当の信頼関係を築くことができるんです。

第5章

「世界の中心」を自分にする

世界は自分を中心に回っている

「いい人」は「自分はだれかのために存在していて、そのために生まれてきた」と考える傾向があります。

だから、そんな自分のことを理解して感謝してくれる人を求めて「いい人」になって、いろんな人に尽くしてしまいます。

周りの人はそんな「いい人」を見て「褒められたいからやっている」とか「人から認められたいから『いい人』を演じているだけ」と斜めから見てしまいます。

でも「いい人」の本当の目的は、「相手の幸せ」なんです。

自分が感謝されなくても犠牲になってもいいから少しでも相手が幸せになってほしい、とまじめに願っています。

「いい人」ですから、それがだれにも理解されなくても、自分が関わることで幸せになってほしい、と本気で思ってしまうんです。

ところが**「いい人」が自分を犠牲にして相手を助けても、「相手はちっとも幸せにならない」という現実がそこにあります。**

しかも、幸せになるどころかどんどん問題が大きくなってしまいます。

すると「いい人」は、さらに自分を犠牲にして相手のために尽くします。

「自分が関わることで相手が幸せになる」と信じているから、相手が不幸になっていけばいくほど自分のことを責めてしまいます。

「自分の関わり方が悪いんだ」とか「自分の力が足りないからいけないんだ」と、まるで相手の不幸の原因が自分にあるように感じて、自分を責めて自己肯定感を下げてしまうんです。

一般の人からすると「思いあがっている」とか「自分の関わり方のせいで相手が不幸になっているなんて思い込み」と見えます。

でも、関わり方が悪くて相手が不幸になってしまう、というのは実は思い込みではありません。

その人の世界は、その人を中心に回っています。

自分を中心に世界が回っているのに、その軸を「相手」にした場合、自分の世界が歪んでしまうから「不幸な現実」というものが作られてしまう。

「助けてあげたい」と思った相手も、その人にとっての世界の中心であるのだから、その人のために世界は回っています。

ところが「いい人」が「あの人のために」と相手の立場と気持ちになって考えることで、本来世界は自分のために回っているはずなのに、相手の中心もずれてしまって「世界が歪む」という感じで、悪夢のような現実に変わっていってしまう。

だったら「いい人」はどうしたらいいの？　となります。

そんな時に「世界は自分のために回っている」と思えばいい。


周りにいる人、困っているように見える人、すべて自分を幸せにしてくれるために存在している。

だから、「いい人」は手を差し伸べる必要がありません。

「周りにいる人たちは自分のためにどんな素敵な世界を見せてくれるのだろう？」と楽しみにしていればいい。

「いい人」が主役で、あとはみんな自分の幸せのために用意されている人たち。

そして「いい人」の軸を周りの人じゃなくて自分自身にシフトした時に、世界は自分のために回っている、が実際に起こって周りの人が幸せになっていきます。

「いい人」をやっていた時は変わらなかった悪夢のような現実が、世界の中心を自分にした時に、すべてが整っていき、みんなが幸せになっていく美しい現実の世界に変わっているのです。

「自分中心」がみんなを幸せにする

「自分だけ仲間はずれ」と思うということは、世界の中心を自分以外の人に据えていることになります。

すると現実の世界が歪んでしまって、みんなが幸せになれません。

周りのみんなが幸せになれないので「みんなトゲトゲしている」という思いやりのない世界ができあがり、その中にいたら「いい人」は異質な人になりますから「自分だけ仲間はずれ」になってします。

「自分だけ仲間はずれ」というのが、「あなたの思い込みじゃない？」とまるで脳が作り出した幻想のように思われてしまいます。

しかし、「いい人」をやればやるほど「世界の中心が自分じゃなくなる」からどんどん世界が歪んで、みんなが幸せになれなくなり、みんなの心が荒んで「いい人」だけが浮いてしまって仲間はずれになるんです。

「いい人」は「みんなを幸せにするためになんとかしなければ」と、周りの人に対して「いい人」をやればやるほど世界の中心がずれるから、みんなが幸せになれなくなり、仲間はずれという悪循環になってしまう。

「いい人」が世界の中心を自分にして、自分に対して「いい人」をやれば、自分自身が幸せになります。

すると、**その幸せに影響されて周りが幸せになっていき、幸せな仲間がどんどん増えていくから「自分だけ仲間はずれ」というのは簡単に解消されます。**

「いい人」が幸せになろうとすると、いつもの「自分だけ仲間はずれ」の不安感に襲われるのは、「みんなが幸せじゃないのに自分だけ幸せになったら仲間はずれになる」という考え方から。

みんなが不幸せでいるのだから、自分だけ抜け駆けをしたら、ますます「自分だけ仲間はずれ」という幻想は、脳が作り出しているもの。

「いい人」は「みんなが幸せになれば自分も仲間に入れてもらえる」ということを知っています。

だからみんなを幸せにしようとするけれど、それを続ければ続けるほど、世界の中心が自分じゃなくなるから、世界が歪んで、みんなは決して幸せにはなれません。

「いい人」は「人のために尽くしても人はそれで幸せにはなれない」ということを理解するのが難しいんです。

人に対して「いい人」をやれば「ありがとう」と感謝をされて、その人は幸せになれるんじゃないの？　と思ってしまいます。

でも実際は、**困っている人を助けて貢献しても、「成功したら自分のおかげ」で「失敗したら相手のせい」と捉える人間の性質が悪さをします。**

だから、相手は表面的には感謝しますが「自分のおかげ」となってしまう。

「いい人」がよかれと思って助けてしまうと、相手はいつまでたっても成長しないまま、どんどん不幸になっていきます。

ですが、「いい人」が自分を世界の中心にして生きた時に、どんどん幸せになっていきます。

自分を世界の中心に据えた時に、人のために生きることがどんなに自分の幸せへの足かせになっていたかを実感することができます。

その足かせを外しましょう。

そうすれば、どんどんと幸せになり始め、周りの人もそれを見習って、自分のために生きられます。

周りがダメ人間にならず、重みのある人になって、みんながどんどん幸せな方向に向かっていくことができるようになります。

間違いは認めても、反省はしない

「いい人」は、せっかく人に尽くしても報われることが少ないと、「あんなことをしなきゃよかったかな？」とか「なんであんな余計なことを言っちゃったかな？」とか後悔して、自己嫌悪に陥ってしまいます。

普通の人がこれを聞いたら「え？　なんで相手のためを思ってやったのに後悔するの？」とわけがわかりません。

でも「いい人」が相手のためによかれと思ってやった後は、必ず後悔が襲ってきて、ものすごい自己嫌悪に苛《さいな》まれるから、それを頭の中で打ち消そうと必死になります。「自分があの場であれをしたのはおかしくなかった！」と自分がやっていたことを正当化して過去を振り返ります。

ただ、相手の表情などを思い出してしまうと「やっぱり余計なことだったのかも？」

と不安が襲ってきて、居ても立ってもいられない、という感覚になります。

「間違っていない」と「やっぱり余計なことだ」という気持ちが繰り返されて、「もう嫌！」となってしまう。

どんなに相手がその場で喜んで感謝しても、「いい人」は後になって「もしかしたら余計なことをしたかも？」と不思議と思ってしまいます。

この「いい人」の自己嫌悪は、ある意味で間違っていません。

なぜならよかれと思って相手を助けることは、「相手の世界を歪めている」ことになるから。

実はやらないほうがいいことなのです。
だから、結果的に相手は幸せになることができない。

それを心のどこかでちゃんと分かっているから、あとになって「余計なことをしたかも？」とその場の状況を思い出したくなる。

さらに、先ほどお伝えした人間の性質のせいで、人は「うまくいったら自分のおかげ」「失敗したら相手のせい」と思います。

だから、いくら相手が表面的に感謝をしても「あれ？　感謝されている感覚が伝わってこない！」となります。

「あれ？　私っておかしなことをしたかな？」と不安が襲ってくる。

ここで、普通の人は「ほら！　やっぱり感謝されたいんじゃないの？」と茶々を入れたくなるものですが、「いい人」にとってはそうじゃないのです。

感謝されたいわけじゃなくて、「自分が間違ったことをやっていないかどうか」という不安になるからです。

感謝された時に、相手から本来伝わってくるはずのものがないと「自分が間違ったことをしたのかも？」と、その場で自分のしたことを検証してしまうのです。

すると、「あの時のあれがまずかったのかも？」と反省ポイントが次から次へと浮かんできてしまって「やっぱり自分は間違っていた！」と自己嫌悪になってしまう。

だから、**自己嫌悪に苛まれたら「自分は余計なことをしたんだな！」と潔く認めちゃいましょう。**

なぜなら、「いい人」が自分を中心にしなければ、相手の世界を歪めて不幸にしてしまうわけですから。

だから「余計なことをした!」でいい。

ここで大切なことは「余計なことをした」と潔く自分で認めつつ、反省しないことです。

「いい人」が「反省」と思っていることは、「間違っていたかもしれないこと」を探しているわけです。

でも、これって「自分が正しかったかも!」という、一筋の、とんでもなく細い救いの光を探しているようなもの。

心のどこかでは「間違ってなかった!」と思いたい部分があるのです。

「いい人」は物事の本質を感じられてしまうから、それが相手の幸せにはつながっていないことはちゃんと分かってしまう。

だから、どんなに周りの人が「あなたはいいことをしている」と太鼓判を押してくれても、「何かが違う!」と間違った部分を探したくなって、「もしかしたらあれもこれも!?」と自分の間違いを引っ張り出してきて、自己嫌悪になってしまう。

だから「余計なことをした!」と、自己嫌悪が襲ってきた時には思ってしまえばいい。

すると「いい人」の中で学習して「余計なことをしなくなった!」と黙って相手を見守ってあげることができるようになる。

そして「いい人」は自分を世界の中心にすることができて、周りの人がどんどん幸せになっていき、自己嫌悪の世界から解放されていきます。

自己嫌悪には、本当は深い意味があることに「いい人」は気が付くようになります。

「余計なことをした!」と潔く認めることで。

「自分は輝く星」と自分に呼びかける

「いい人」が世界の中心になることは、非常に難しいんです。

他人を世界の中心にすることばかりしていましたから、自分を中心にする習慣がありません。

自分を世界の中心にしなければ、世界は歪みます。

ほかの光る人たちと自分を比較してしまって「自分なんかあの人たちに比べたら価値がない」と思ってしまう。

「他の人のほうが輝いていて、私には自分を中心にする価値がない」と思い込んでしまいます。

そこで「自分は輝く星」と脳に呼びかけてみましょう。

これは「いい人」が世界の中心になるために脳に働きかける暗示の言葉です。

すると、「自分は輝く星」ということで、周りの人たちが、自分の光を浴びて光り輝いているということが見えるようになります。

その暗示の言葉を唱えていると、周りの人が自分で光っているわけではなくて、私の光に当たってその存在が光って見えていて、そして回っている、ということが見えてくるようになります。

そして、自動的に「自分が世界の中心」となり、自分のために生きることができるようになります。

「人のために何ができるのかな？」といつものように考え始めたら、まっさきに「自分は輝く星」と脳に呼びかける。

すると、自分が輝くことが大事で、相手に何かをしてあげる必要がない、ということが見えてきます。

そうなんです！　自分が光り輝けば相手も美しく輝けるんです。

相手を中心にした時に相手が光り輝かないのは、世界が歪んでしまうから。

だから、その歪みを「自分は輝く星」と唱えることで修正して、自分を中心に据えていきます。

この言葉を習慣にすると、周りの人たちとの距離感が絶妙な感じで取れて、みんなが「いい人」の光に照らされて美しく輝きます。

それを眺めながら「自分は輝く星」とさらに唱え続けていくと、もっと遠くの星まで照らせるようになって、その数に驚くことになります。

「私の周りにこんなにたくさんの人がいたんだ！」と。

今まで暗黒の世界に一人ぼっちだと思っていたら、違っていたのです。

「自分は輝く星」と唱えて世界の歪みを修正していけばいくほど、周りの人たちは、その光に照らされて、周りの人たちの存在が初めて感じられて「自分は一人じゃない」と思えるようになります。

自分の手元、足元しか照らせなかった「いい人」が「自分は輝く星」と唱え続けていくことで、自分を中心に据えて輝きを増して、そして多くの人を惹きつけてゆくのです。

自分の「快」だけを選んでいく

友人関係でも職場でも家族でも、「周りとどう接したらいいのかわからない」と悩むことがあるでしょう。

ここでまず知ってほしいのは、そう思っている時点で、世界の中心が「相手」になってしまっています。

相手の気持ちを考えて相手の立場に立って見るから、「世界が歪む」現象が起こってしまうんです。

だから「どう接したらいいのかわからない」が実は「正解」になります。**なぜなら、どう接しても相手は「不幸」になるから**。

「いい人」が世界の中心になって、幸せにならなければ、相手は輝くことがありませんから、どんどん不幸になってしまいます。

それが「いい人」には分かるから「接し方がわからない」という感じになっています。

この「どう接したらいいのかわからない」と思ってしまう人に、自分を世界の中心にするためのいいトレーニングがあります。

まずは、相手と接することを考えてみて、第2章の「快・不快」スイッチを自分の中で確かめてみます。

「不快」だったら近づかない、というのが自分を世界の中心にする作業の第一歩になります。

もし相手と接することが「快」であった場合は、「自分が相手と接する時にどうしたら「快」になるのか？」を確かめていくのが自分を世界の中心にする作業の大切なステップになります。

自分が「不快」なことはしない。

そして「快」だけを選んでいくと、自分が中心になっていき、相手との関係がこれまで考えられなかったような展開になります。

ある男性が「妻がいつも不機嫌で、どう接したらいいのかわからない」と言っていました。

この男性はいつも奥さんのことを考えて、奥さんのことばかり優先しているのですが、「奥さんがどんどん不機嫌になる」と困っていました。

奥さんは「あなたはちゃんと人の話を聞いていない！」「私の気持ちをわかってくれない！」と責めてきます。

彼は「いい人」だから、奥さんに言われたことに気をつけているのだけど、奥さんは一向に満足する気配がなくて、どんどん不機嫌になってしまう、ということでした。

そこで**「奥さんと接することは『快』か『不快』か」という自分の中の感覚を確かめてもらいます。**

結果は「不快」と感じたので「申し訳ないな」と思いながら奥さんと距離をおくことに。

すると、不機嫌でツンケンしていた奥さんが「いい人」に近づいてきます。

そんな時に彼に改めて「奥さんと接することは『快』か『不快』か」と確かめてみると、「快」と出たので「だったら会話をしてみよう！」となりました。

さらに「どんな会話をするのが『快』か『不快』か」と自分の中を確かめてみると「奥さんの話を聞くのが『快』」となったので、奥さんの話に耳を傾けるようになりました。

そうしたら、奥さんが「今まであなたにつらく当たってきてごめんなさい」と話し出して、その男性は驚きました。

自分が奥さんを満足させられないで苦しめていると思っていたのに、自分を世界の中心にしてみたら、それは間違いだったと気付いたんです。

「いい人」が自分らしく生きるようになったら、相手が生き生きとして、若々しく変化していった。

自分を世界の中心にするために「快・不快」スイッチのトレーニングをしていくと、それがどれだけ周りの人たちを照らして、美しく輝くようにするかを実感できるようになります。

困った人を手助けせずに観察する

どんな人も、「自分の価値」を測る時に「他人と比べて」とか「周りの人からどれだけ頼りにされているか」ということを基準にしてしまいがちです。

でも、それは他人を世界の中心にすることと同じで世界が歪み、「自分には価値がない！」となり、ますます世界の中心に自分を据えることができなくなってしまいます。

特に「いい人」は、自分に価値を見出すことができなくなってしまっているから、他人に対して「いい人」をやらずにはいられなくなっています。

価値がない自分から少しでも価値を見出そうと「いい人」をやってしまうものの、そのせいでさらに自分の価値を下げてしまい、「いい人」から抜け出せなくなってしまう。

他の人を基準にすることは世界を歪めることだから、みんなを不幸にしていることと同じ、ということに「いい人」はなかなか気付きません。

そこで「自分の価値」を意識するトレーニングをしてみましょう。

「なんとかしてあげなければ！」と人助けをしたくなる場面で、何もせずに相手を観察するのです。

すると、あなたから見て、困っているように見えていた相手が、光り輝くようになったと変わっていく。

相手を中心に動かないで、じっと観察しているだけで、相手は不幸な状況から抜け出して、どんどん幸せになっていくことを感じられます。

そんな時に、「もしかして、これって自分のおかげかも！」と何もしていないのに思えるようになってくる。

「いい人」をやって、相手のために尽くしていた時はちっともそんなことを思えなかったのに、「何もしない。ただ観察をする」とじっと待っている、たったそれだけで、相手が変わるとともに、心の中に「自分のおかげ！」と自分の価値を意識することができるようになります。

自分の光に照らされて相手が輝くことができる、ということが実感できるようになり「自分の価値」を確かめられます。

何もしないで、ただそこに存在していて、みんなのことを見守っているだけで、みんなが自由になり、どんどん幸せになっていく。

そんな時に、みんなに「ずるい！」と嫉妬のような感覚を「いい人」が感じられたら、それは自分の価値を意識できた証拠です。

自分には価値があって、その光をみんなが受けて、そして輝いていく。

「何もしない」でいるだけで自分の価値を「いい人」は確認することができちゃうんです。

自分のための時間を増やす

「いい人」が光り輝く星だと自覚するための練習として、「人のために動いちゃう」「考えちゃう」という時間を作らないことです。

そして、人のために使っていた時間を「自分のために使う」練習をしていくと、ほどよく「調子に乗る」ことができるようになります。

調子に乗れることは、自分の価値を確認するきっかけになります。

「いい人」は常に人のことばかり考えています。

「今、人のことを考えた！」と気が付いた時点で「この時間を自分のために使おう」と頭をシフトさせましょう。

「自分のためにしたいことは何？」と純粋に考え直すのです。

人のために使っていた時間を、意識的に自分のために使う時間にシフトさせていくと、

「おー！　ちょっと調子に乗れてきた！」となってくるわけです。

そして、ほどよく調子に乗れるようになると、周りがどんどん幸せになっていきます。

大事なのは、周りが幸せになればなるほど、自分のために時間を使う練習を重ねること。


周りから「いい人」と思われていたのが「あの人、最近ちょっと調子に乗っているんじゃない?!」と言われるようになってきたら合格です。


自分が調子に乗っている、ということは、世界の中心が自分になっているわけで、みんなが幸せになる循環になります。

筋トレをして、筋肉がほどよくついて、そして美しく、そして恰好よくなっていくことと同じです。

ほどよく調子に乗る練習を繰り返し続けることで、世界の中心が「いい人」になって、美しくバランスの取れた世界が見えてくるようになります。

この練習のコツは「いい人」をやっていることに気が付いたら「やらない！」と心の中で叫んでみること。

そして「自分のために時間を使う！」と心の中で叫んでみて、浮かんできたことを実行する、という繰り返しです。

普通の人には簡単な作業であっても「いい人」にとったら過酷な練習になります。

なぜなら、常に人のことばかり考えて、いつも人のために時間を使っていたから。

一人でいる時も他人のことを考えて、相手の問題を変えようとしていたわけですから「なかなか難しい！」と思うのは当たり前。

だから、繰り返し練習をすることで徐々に筋肉がついてくるように、世界の中心が自分に少しずつシフトしていきます。

諦めずにこの練習を続けることで、「周りの人が光り輝いてきた！」と感じられたら成功です。

そう、ほどよく「調子に乗る」ということができるようになると、みんなが輝いてくる。

「いい人」の光に照らされて、みんなが幸せになっていきます。

第6章

「嫌われる」がこわくなくなる

「自分中心」になる途中が、一番嫉妬される

「いい人」がやめられないという理由の一つに、「自分を中心にした時の、周りからの嫉妬」があります。

嫉妬は動物的な脳の発作で、この時「あの人だけ自分を中心にしてずるい」と脳内で過剰な電流が発生します。

その発作の電流が相手から届いて脳が感電させられると、罰を与えられている感覚になるため、受けた側は「自分を中心にしちゃいけないんだ！」と思ってしまいます。

自分を中心にして自由になっても、周囲からの嫉妬の電気ショックを浴びることで「いい人」に引き戻されてしまうのです。

「いい人」が自分を中心にして生きることで、楽しくなったり幸せになってちょっとでも輝いたりしたら、「あなただけずるい！」と周りの人たちは嫉妬の発作を起こします。

周囲の人は嫉妬の発作を起こしてしまうと、破壊的な人格に変身してしまいます。そして「いい人」に意地悪なことや嫌みを言ってくるのです。

嫉妬された人は、その破壊的な言動を真に受けて「私が悪いことをしたからこの人はこんなことを言うんだ」と反省してしまいます。

だから結果的に「自分を中心にしちゃダメなんだ」と思ってしまい、人の気持ちを考えて「いい人」を演じ続ける生活から抜けられません。

だから「いい人」は「自己中心」とか「自分勝手」と言われることをものすごく恐れ、そうならないように、いつも人のことを中心に考えるようにしています。

「自分を中心にしようとすると嫉妬される」という現象には、面白いパターンがあります。

それは「中途半端に自分を中心にしようとすると嫉妬される」というものです。

自分の心を円で表現したとしましょう。

その円の中心が「自分を中心に考えている状態」だとします。

中心から外にいくほど「他人のことを考えちゃう状態」ということになります。

「いい人」は「中心に向かうほど嫉妬されちゃう」と思っています。
中心とは「自分のことだけ考える状態」というものです。
だから「程よいバランスで」と思って「自分だけじゃなくて人のことも考えなきゃ」と中心から外れてしまいます。

でも、**実際は「中心にいけばいくほど嫉妬されなくなる」という、「いい人」が知らないパターンがそこに隠れているんです。**

自分を中心にすればするほど、嫉妬されなくなり、嫉妬の電流を受けなくなります。

ただし、「自分中心」状態に向かう努力をすれば、その途中では周囲からの「ビビビッ！」という嫉妬の発作が飛んでくる、という現象が起こることになります。
なぜなら今まで「自分中心」状態にしてこなかったから、それを実感できるまでちょっとだけ時間がかかるから。

その過程で、周囲が嫉妬の発作を起こして意地悪、嫌み、そして悪口を言ってきて、その人を「いい人」に引き戻そうとします。
よくあるのが、頭が真っ白になってしまい、自分がやりたいことができなくなること。

それは「嫉妬の電気ショックで感電している状態」です。

「いい人」が「自分中心」状態の生活に変えれば、嫉妬の発作を周囲が起こすので、「いい人」の脳が感電してしまい、頭が真っ白になったり、失敗ばかりしてしまいます。

相手が嫉妬しているかどうかがわからないから、「いい人」は嫉妬に感電していることなんか想像もできません。

そんな時は「嫉妬の電気ショックを浴びているから頭が真っ白になるんだ」「もっと自分を中心にすればいいんだ」という風に自分を中心に考えていくと、頭が働くようになり、効率よく動けるようになっていきます。

とはいえ、人からの意地悪な言動を浴びた時に「いい人」はショックを受けて落ち込んでしまいます。

なぜなら「いい人」は嫌われることがものすごく苦手だから。

でも、**相手は嫌っているんじゃなくて「嫉妬の発作を起こしているだけ」なんです。**

だから「いい人」は「自分をもっと中心にする必要があるんだ」と自分をもっと中心に持っていくと、嫌われることが怖くなくなります。

相手は嫉妬の発作を起こしていただけ、というのが円の中心に到達した時にすべてがつながって見えてきます。

そして、周りの人は嫉妬の発作を起こさなくなり、「いい人」を気にすることなく淡々と生活している様が見えてくるんです。

「足の裏」の感覚で、嫉妬をやり過ごす

人からの嫉妬でわかりやすいのは「悪口」「陰口」「嫌み」、そして「罵倒」などです。そして、嫉妬だとわかりにくいのが「アドバイス」「注意」「心配」、そして「無視（無反応）」になります。

相手を見ても、嫉妬しているとわかりません。

嫉妬だと判別できる唯一の方法は、相手からの言動を受けて、自分が感じていることをしっかり確かめること。

確かめた時に「私が間違っているのかも？」と落ち込んだり、不安になって不快にまみれていたら「嫉妬されているんだ」ということになります。

後になって「なんであんなことを言われなきゃいけないんだ!?」と怒りが湧いてきますが、言われたその瞬間は「固まってしまって何も言い返せない」という状態に陥って「私が悪いのかも?」と反省してしまう。

これが嫉妬されている証拠です。

なぜなら、嫉妬とは、嫉妬している人の脳内で過剰な電流が発生している状態で、相手の言動とともにその電流が「いい人」の脳内に流れて「感電」した状態になっているから。

そうなると「固まって何も言えない」「自分が悪いのかもしれない」という幼い子どものような精神状態に戻されてしまいます。

そして嫉妬された側の脳内の電流が乱されて、「なんであんなことを言われなきゃいけないんだ!」「やっぱり自分が悪かったのかな?」と怒りと反省を行ったり来たりと繰り返してしまうんです。

嫉妬で感電させられて、それを頭の中で繰り返しているうちに「自分中心」ということをいつの間にか見失って、気が付いたら「いい人」に戻ってしまうのです。

人からの嫉妬で簡単にやり過ごす方法は「足の裏の感覚を確かめる」というもの。

私は学生時代にレポートをパソコンで書いていたら「ドーン!」と雷が寮に落ちて、

何時間もかけて書いたレポートが消えてしまったことがありました。

ふつう電化製品にはそんな事態にならないよう、電気を地面に流すアースというものがついています。

嫉妬の電流も同じで、嫉妬の発作を起こした相手から頭に伝わってきますが、その電気を足の裏から地面に流してしまえばいいのです。

相手の話を聞くのではなく、足の裏の感覚に注意を向けると、嫉妬の電気ショックをやり過ごすことができ、「怒りと反省」の行き来の苦しみを味わう必要がなくなります。

そして、自分を中心にすることができます。

「そんなこと言われたって、とっさにそんなことはできないよ！」という人は、「嫌なことを言ってくる人」を思い浮かべながら、足の裏に注意を向ける練習を一人でしてみましょう。

「あの人に悪いことをしちゃったのでは？」と思ってしまう相手との会話をイメージした時に、靴の中から地面に足の裏をつけるように、足の裏の感覚を確かめます。

すると「そんなに自分を責めていないかも……」となります。

この体験を繰り返してみます。靴を履いていても、スリッパを引っ掛けていても、電気は足の裏を通じて地面に流れる、ということで嫉妬を受け流して簡単にやり過ごすことができちゃいます。

電車に乗っている時でも「なんか自分が悪いことをしたかな？」と思ったら、電流を受け流す練習をしてみましょう。

他の場面で嫉妬の発作を起こしている人を目の前にした時でも、電流を地面に流して相手の嫉妬を受け流せば、自分も相手も発作が収まり、「自分中心」に戻ることができます。

これは心理学的に説明したら「系統的脱感作法」になります（ジョセフ・ウォルピ博士の系統的脱感作法を応用したものです）。

「嫉妬の発作」を受けることでパニックになっていたのを「場面をイメージして足の裏に注意を向けてリラックスする」ということを繰り返して、嫉妬に「リラックス」の条件づけをしていきます。

すると、目の前の人から嫉妬を向けられた時に「足の裏」を意識することで、条件づけられたリラックス効果を発揮して、頭が真っ白にならないで冷静に相手のことが見られる状態になります。

自分の「引力」を大きくして嫌な人を遠ざける

自分にとって「苦手な人・嫌な人」は、必ずいます。

でも「いい人」は、「苦手な人、嫌な人」なんて思ってはいけない、という感覚がなんとなくでもあるのです。

「いい人」ですから「みんな心の中には美しいものが流れている」と思っていて「苦手な人、嫌な人」と思ってしまうのは自分の心が歪んでいるから、と勘違いしています。

なぜそんなことを思ってしまうのかというと、「他の人はあの人のこと苦手じゃないのに、どうして自分だけ苦手なんだろう？」と考えてしまうから。

「普通は、苦手な人や嫌な人なんていなくて淡々と生活できているのに、自分はそうじゃないのかも？」と思ってしまう。

だから「いい人」は、「自分がおかしいのでは？」と考えてしまいます。

ここで、「みんなだって、苦手な人や嫌な人はいると思うけど」と言われても納得しません。

なぜなら「普通の人」と「いい人」の差を、「いい人」は感じているからです。

「普通の人」のように、「自分中心」にしていればいるほど「必要な人が近づいてきて、そうでない人は近づいてこない」となります。

「いい人」の場合、「自分中心」ではないから、必要な人を引き寄せる「引力が小さい」となるわけです。

そして「引力が小さい」ために、「引力が大きい人」（＝自分中心にしている苦手な人、嫌な人）に引っ張られてしまいます。

心を「自分中心」にすればするほど、引力が大きくなるから「嫌な人に引っ張られなくなる」となって、自分にとって必要な人だけが自分の周りにいる状態になるのに、そうでないから引力が大きい「嫌な人」の周りをぐるぐる振り回されてしまう。

「自分中心」なら苦手な人、嫌な人に引っ張られることなく、自動的に適度な距離が取れます。だから、淡々と生活できるのです。

自分中心に生活して「自分の気持ちを一番大切にする」ということを実践していくと、「引力が大きくなってきた！」とわかります。

「苦手な人が自分から離れていった！」「自分に必要な人と出会うことができるようになっている！」と変わっていくから。

だから**「苦手な人、嫌な人から逃げられない」と思ったら「必要な人を引き寄せる引力が小さいんだ！」と自覚して、心をどんどん自分中心にして引力を大きくしていけばいいんです。**

「苦手な人、嫌な人」が自分から離れるほど心を「自分中心」にすれば、一番大切な人があなたの引力に引き寄せられて、釣り合いの取れた世界が訪れるようになるでしょう。

「嫌い」は態度に出ても気にしない

「いい人」は嫌いな人の前でも、「嫌い」という態度を出すことができません。

なぜなら、「どんな人に対しても、いい人でなければいけない」と思ってしまうから。

「嫌い」という自分の気持を無視して「いい人」を演じてしまうため、脳内では矛盾が生じて、そこから発作が起こり「嫌いな人の前で固まる」ということが起こってしまうのです。

そして、「怯えて相手を不快にしないようにしよう」ともします。

「嫌い」という感覚を持ちながら「いい人」になるほど、矛盾から脳内の電流が乱れて固まり、「いい人」は苦しみから逃れることができなくなります。

そこで「引力を大きくする」ということを実践すれば、「嫌いな人が近づいてこなくなる」という面白い現象が起きます。

「どうやって？」と思われるかもしれませんが、**それはとても簡単で、「嫌いは嫌い！」と自分の感情を大切にしてあげることなんです。**

「どのくらい嫌い？」とちゃんと自分の気持ちを確かめてあげる。

「本当にムカついていて、消えて欲しいほど嫌い！」だったら、そのままの感情を認めてあげる。

それを**「仕事だから」「人間関係を大切にしなければ」と、常識で自分の「嫌い」という感情を打ち消さないようにします。**

「嫌いは嫌い！」でいい。

それが態度に出たっていい。

もし、「そんなことをしたら申し訳ない」と思ったら「相手からの嫉妬の発作を浴びているんだ！」と考えましょう。

そんな風にして「あいつマジで嫌い！」と自分の感覚を大切にしていくと、「自分中心」にしていることになり、「嫌いな人が自分から離れていった！」という不思議なことが起こります。

自分を中心にしていけば、その引力が大きくなった時に、逆に相手が離れていくことになり、自分に必要な人だけが近づいてきて、楽しい世界ができあがります。

他人への嫉妬は、万能感を自覚する

「罪悪感」は、「自分はなんでもできるし、変えられる」という「万能感」からきています。

「過去にしたことに、罪悪感があるんです」と言った時、実は「過去は変えられないのに、変えられると思っている」のです。

実際は、「人に嫉妬して意地悪なことを言ってしまったことに、罪悪感があります」と言っても、嫉妬は動物的な発作だから自分でコントロールできません。

それなのにコントロールできると思ってしまう「万能感」があるから「罪悪感」が出てくるのです。

逆に考えてみると「罪悪感」とは、自分でコントロールできないものを、コントロールしようとしている時に発生しているもの、ということになります。

そして「罪悪感」を抱けば抱くほど「万能感」が広がって、「自分はなんでも変えられなきゃいけないし、コントロールすることができなきゃいけないんだ！」となり、ますます「罪悪感」が増えてしまう。

なぜ「万能感」が広がって「罪悪感」で苦しむことになってしまうのかというと「自分中心じゃないから」という単純な答えになります。

「自分中心」でなければ「他人中心」になる。すると、世界が歪むので「万能感」がどんどん大きくなり、「罪悪感」が増えていく。

スポーツを観戦している時に「なんでそのタイミングでそんなことをしちゃうの！」と素人さんがツッコミを入れちゃうあの感覚が「万能感」なんです。

「だったらあなた、その場に行ったらできるの？」と言うと、「絶対に無理！」と答えるでしょう。

これが、「いい人」が心を自分中心にしないで、他人中心にしている時にやってしまうことなんです。

「変えられるはず」と思って手を出してしまう。

そして、失敗して「罪悪感」という繰り返し。

「いい人」は、「自分は謙虚で他人のことを考えてあげている」と思っていますが、実は「万能感バリバリ」になっていて、「変えられるはず！」と、変えられないものに手を出してしまっている。

そして「いい人」の最大の間違いが、「謙虚に人のために生きなければ」と万能感に餌をあげるようなことをしてしまっていることです。

「万能感」が広がれば、「罪悪感」で苦しむことになり、ますます「自分を否定して謙虚に」という悪循環ができ上がってしまう。

だから、**自分の「万能感」から解放されるためには、「私は何を感じているの？」と自問することを繰り返していきます。**

「罪悪感」を抱いたら「万能感が広がっている！」と思って「自分中心に」と心の中で唱えましょう。すると、歪んだ世界が整っていき「何一つコントロールする必要がない世界」が自分の周りには広がっていることに気が付きます。

そこには「罪悪感」というものが全く必要なくて、自由にのびのびと生きられるのです。

抑圧していた感情を解き放つ

「いい人」は周りの人の気持ちを考えてしまうため、「怒ったら相手を不快にさせてしまう」と気遣って、自分の感情を抑圧してしまいます。

怒りなどの自分の負の感情が周りの人たちを不快にさせてしまう、と思い込んでいます。

でも、「怒り」を抑圧することこそ、実は世界を歪ませています。

相手には「意気地なし」とか「自己主張ができないダメなやつ」と見られてバカにされて蔑まれ、「この人には何を言ってもやってもいいんだ！」といいように利用されて振り回される、という悪夢のような現実ができ上がってしまうんです。

「この人ムカつく」と感じた「いい人」が、その感情を「相手を傷つけてしまうかもしれない」と思って抑圧したら、相手を中心にしてしまうから、世界が歪んでしまいます。

自分の中に湧いてきた感情は自分のもので、それを抑圧する時って「相手を中心にしている」ということです。

それはどんな時でもどんな状況でも同じで、「自分を中心」にしなければ世界が歪んで、悪夢から抜けられなくなってしまう。

そこで「自分を中心にする」ことで、「自分の中にある感情を大切にする」ようにしてあげるんです。

怒りが湧いてきたら、それを素直に表現する必要はありませんが、「自分は怒りを感じている」とちゃんと認めて大切にしてあげます。

そして、**自分が怒りを受け止めた時に起こした行動を責めないであげること。**

怒りなどの自分から湧いてくる感情は「おなら」と一緒で、生理現象なのでコントロールする必要がないもの。

それを人前でするかは別にして、湧いてきてしまうものをちゃんと認識して認めてあげる。

すると、その感情がちゃんと「いい人」の世界を整えてくれます。

怒りが、不快な人との距離をちゃんとあけてくれます。

そして怒りが、「自分のことは自分でやって！」というような相手との線引きをちゃんとしてくれます。

自分ではその感情の意図がわからなくても、自分を中心にした時に、その感情が見事に、自分にとって都合のいい世界に整えてくれます。

そんな時に「いい人」は、そんなことをしたら周りの人に申し訳ない、と思ってしまいます。

でも、「いい人」が自分を中心にして整った世界は、みんなにとって幸せな世界であることを次第に実感できるようになり、「申し訳ないなんて感じる必要はなかったんだ！」となるんです。

「怖くてできなかったこと」をやってみる

「いい人」の一番苦手なことは「人から嫌われること」です。

人が自分に対して怒ったり、がっかりしたり、相手にしてくれなくなる、ということをものすごく恐れてしまう。

そんなことが起こってしまったら、「いい人」にとっては「この世の終わり」になってしまって、「もうダメだ」と絶望的な気分になってしまう。

だから、そうならないように一生懸命に人の気持ちを考えて、心の中でおどおどとしながら人のために一生懸命に尽くしてしまう。

でも、周りから見ると、全くそんな怯えがあるようになんか見えなくて、「ちょっと気が弱い人」と思われるぐらいです。

人から嫌われることにびくびくしているなんて、誰も気付いていません。

でも「いい人」は、自分が怯えていることが他の人にバレていて、がっかりされて嫌われてしまうことも恐れて、さらに怯えてしまいがちです。

そして、怯えながら気を遣って、人の気持ちを考えれば、中心が自分自身じゃなくて他人になってしまうから世界が歪んで、「相手の態度がどんどん悪くなっていく」という悪夢のような現実ができ上がることになります。

いちばんの問題は、「みんなの幸せ」を願っても、世界が歪んでしまっているので、みんなはずっと幸せになれないことです。

いくら「いい人」が努力しても、みんながちっとも幸せになれずに不幸になっていく現実が目の前で展開してしまう。

「みんなの幸せ」を叶えるためには自分を中心にすればいいわけですが、「いい人」はこれまでずっと「人の気持ち」ばかり考えてきてしまっているので、「自分を中心にするってどうすればいいの?」とわからなくなってしまいます。

嫌われる怖れから自分を中心にできない時にやるべきことは、「怖くてできなかったこと」に挑戦してみる、ということ。

「いい人」が怖くてできないことには、「それをやったら人から嫉妬されて嫌われちゃう」というのが無意識で働いています。

「嫉妬されて嫌われる」という思いが「いい人」にブレーキをかけているから、「怖い」と思って、やることを躊躇してしまう。

だから、「怖くてできなかったこと」を自分の中で探してみて「それをやってみよう！」とすれば、自分を中心にしていくことができるのです。

ある女性の場合、「ジムに通う」ということが怖くてできませんでした。

彼女は「知らない人がたくさんいるところに行くのが怖い！」という認識でした。

でも、ジムに行ってだんだん体型が整ってくると、周りの人たちが「どうしたの？そんなにやせちゃって！」と声をかけてくれました。

けれども、その瞬間に頭が真っ白になって「私、体に悪いことをしているのかな？」と不安になってしまい、「嫉妬されているんだ！」と気が付きました。

「嫉妬されるということは、まだ自分を中心にできていないんだな」と女性は気が付いて、さらにジムに通っていると、自然と周りの人たちも「いい人」に影響されてジムに通うようになって健康的になっていきました。

自分が健康的になって輝くことで、周りの人たちもどんどん美しくなっていくのを見て、女性は願っていたことが手に入った感覚を得られたんです。

また、ある男性は「英会話が怖くてできない」と思っていました。英語に対する苦手意識から、怖くていけなかった英会話教室に挑戦しました。

始めてみると次第に「英会話を勉強するのが楽しいかも!」とワクワクしながら通うようになります。

そんな彼を見てパートナーが「英会話なんて、お金の無駄遣いをしているの!?」と冷たい目で言ってきます。

男性は「無駄遣いをしているのかな?」と不安になって悪いことをしているような気持ちになったものの、「これが嫉妬か!」と思って通い続けていると、いつの間にかパートナーもラジオ英会話講座を熱心にやるようになりました。

さらには「一緒に海外旅行に行こうよ!」と、彼を海外旅行へと誘ってくれました。

ケチだと思っていたパートナーが旅行に誘ってくれて、そしてガイドのようなことまでしてくれて、目の前にある現実が信じられないぐらい変わっていったんです。

「怖くてできなかったことに挑戦する」というのは、自分を中心にして、嫉妬を受けながらも周囲を幸せにしていく一歩でもあるのです。

人の幸せを願いすぎるあなたへ

「優しい、いい人」の長所は、もしかしたら「人の幸せを真剣に願うこと」なのかもしれません。

人の幸せを願うから、相手の気持ちを真剣に考えすぎてしまう。

そうすると、世界の中心を常に自分以外のところに置いてしまって、世界が歪んでしまいます。

「いい人」の願いとは逆に、「みんなが不幸になる」という現実になってしまって、「いい人」は自分を犠牲にしてまでさらに他人に尽くす、ということを繰り返してしまいます。

ですが、それをすればするほどますます世界が歪み、相手が不幸になる、という悪循環になってしまいます。

「いい人」の長所である、「人の幸せを真剣に願う」ということを正しく活かすためには、「自分を中心にする」ということをすればいい。

人の気持ちを考えて行動していたのを変えて、自分の気持ちを大切にしてあげる。

どんな感情が湧いてきても、それを打ち消さないでちゃんと認めて受け止めてあげる。

どんな時でも、これまで他人にしていたように自分の味方になってあげて、自分のことを責めないで守ってあげる、ということをしてあげます。

自分を大切にしていく過程で、他人から嫉妬の電気ショックを浴びて、不安になったり、自分のしていることを否定したくなっても、「みんなを幸せにする」という目的のために「自分を中心にする」ということをし続けていきます。

そう、途中、みんなは「いい人」がやっていることが理解できないかもしれません。

「自分中心」にするために、「怖くてできなかったこと」に自分のために挑戦してあげてみると「世界が整ってきた！」と思えます。

嫌な人が自分から離れていき、そして、自分にとって必要な人が近づいてきて、共に生きられる喜びを感じられます。

そして、**離れていった嫌な人たちも、「いい人」から離れた途端に幸せな人生を歩むことができるようになります。**

「いい人」は誰の不幸も望んでいなくて、みんなの幸せを望んでいるけれど、みんなの幸せは「いい人」が提供してあげるものではありませんでした。

「いい人」が自分を中心に生きた時に、自然と整うもの。

みんなを幸せにするための努力を手放して、自分を幸せにした時に、全体の流れが変わり、みんなが自然と幸せへの道を歩むようになります。

ちょっとだけ問題は、みんなが幸せになった時に「悔しい！」と嫉妬のような感覚が湧いてくること。

でも、その嫉妬って「いい人」が自分に対してしてしているもの。

なぜなら、自分の幸せによって、みんなをこれだけ幸せに変えることができてしまったのだから。

そんな自分の長所に嫉妬しながら、いい人はさらに自分が嫉妬するような人生を歩んでいく。

自分自身を中心において、みんなの幸せを眺めながら。

［著者プロフィール］

大嶋信頼

（おおしま・のぶより）

心理カウンセラー／株式会社インサイト・カウンセリング代表取締役。米国・私立アズベリー大学心理学部心理学科卒業。ブリーフ・セラピーのFAP療法（Free from Anxiety Program）を開発し、トラウマのみならず多くの症例を治療している。アルコール依存症専門病院、周愛利田クリニックに勤務する傍ら東京都精神医学総合研究所の研究生として、また嗜癖問題臨床研究所付属原宿相談室非常勤職員として依存症に関する対応を学ぶ。嗜癖問題臨床研究所付属原宿相談室室長を経て、株式会社アイエフエフ代表取締役として勤務。心的外傷治療に新たな可能性を感じ、株式会社インサイト・カウンセリングを立ち上げる。多くの人が自由に生きられることを目指し、治療を行っている。カウンセリング歴25年、臨床経験のべ8万件以上。

著書に『「自分を苦しめること」から、うまく逃げる方法』（光文社）、『「自己肯定感」が低いあなたが、すぐに変わる方法』（PHP研究所）、『いちいち悩まなくなる口ぐせリセット』（大和書房）など多数。

「ひとりで頑《がん》張《ば》る自分《じぶん》」を休《やす》ませる本《ほん》

2019年6月30日　第1刷発行
2023年2月10日　第3刷発行

著者　大嶋信頼《おおしまのぶより》

発行者　佐藤 靖
発行所　大和《だいわ》書房
〒112-0014 東京都文京区関口1-33-4
電話 03-3203-4511

装丁　金井久幸（TwoThree）
装画　小林ラン

カバー印刷　歩プロセス
本文印刷　厚徳社
製本所　小泉製本

ISBN978-4-479-79696-1

http://www.daiwashobo.co.jp/